Backen ohne Histamin

FÜR JOHANNES, AMELIE, TIFFANIE UND LEONIE

Bildnachweis:
dreamstime.com: S. 20, 32, 38, 50, 54, 60, 96
iStockphoto.com: S. 48, 83, 101, 105, 113, 114
Peter Barci: alle Rezeptfotos
Autorenfoto beigestellt

ISBN 978-3-7088-0565-8

Impressum:
Copyright: Kneipp-Verlag GmbH & Co KG, Lobkowitzplatz 1, A-1010 Wien, www.kneippverlag.com
Autorin: Mag. Dr. Heide Steigenberger
Lektorat: Mag. Waltraud Wetzlmair-Zechner
Covergestaltung: Christian Graf-Simpson
Coverfoto: Kneipp-Verlag/Peter Barci
Grafische Gestaltung: Werner Weißhappl, plan_w
Druck: Theiss GmbH, A-9431 St. Stefan

1. Auflage, September 2012

Heide Steigenberger

Backen ohne Histamin

80 Genießerrezepte bei Unverträglichkeit

Mit Rezeptfotos von Peter Barci

kneipp verlag
WIEN

Inhalt

Vorwort

Backen für Personen mit Histaminintoleranz bedeutet im Wesentlichen, dass keine Schokolade, kein Hefeteig, keine Walnüsse und kein Weizenmehl verwendet werden. Die Lösung lautet: selbst backen und die verbotenen Lebensmittel durch andere ersetzen – Dinkelmehl statt Weizenmehl, Mohn, Mandeln, Kastanien und Kokos statt Schokolade und Walnüssen und statt Hefeteig wird mit Sauerteig, Buttermilchteig, Mürbteig etc. gebacken.

Es ist mir ein großes Anliegen, mit diesem Buch zu zeigen, dass jeder Backinteressierte auch backen kann. Die Rezepte sind leicht verständlich verfasst und einfach nachzubacken.

In dem Buch finden Sie:

1. einfache Kuchen und Torten. Einfach die Zutaten verrühren, in eine Form füllen und ab in den Backofen
2. etwas aufwendigere Kuchen, wie z. B. Streuselkuchen mit Äpfeln
3. Kuchen und Torten mit Füllungen
4. Kleingebäck und Pikantes
5. einfache und köstliche Füllcremen und Glasuren

Meine Familie liebt meine Kuchen und Torten, daher backe ich oftmals spät in der Nacht oder sehr früh am Morgen. Der Duft strömt durch das Haus und mein größtes Lob ist, wenn ich sehe, wie es allen schmeckt.

Gutes Gelingen wünscht Ihnen
Heide Steigenberger

Einleitung

„Das Histamin Backbuch“ enthält neben Kuchen und Torten auch Kekse, Gebäck und pikantes Backwerk.

Die Rezepte sind einfach geschrieben und regen zum Nachbacken an. Der Basisteil enthält Interessantes und Wissenswertes über die wesentlichen Backregeln bzw. welche Zutaten bei Histaminintoleranz verwendet werden können.

Aufgrund der Verwendung von Rohrzucker und Dinkelmehl und des Verzichts auf Schokolade (fett!) kann ich Ihnen versichern, dass die Backwaren auch gesunde Energielieferanten sind und dass Schlanksein garantiert ist.

Die heutigen industriell hergestellten Kuchen beinhalten meist ungesunde Transfette, vor denen mittlerweile gewarnt wird. Bei selbst hergestellten Backwaren verwende ich nur wertvolle Fette wie Butter, Rapsöl oder Olivenöl.

Backen bei Histaminintoleranz

Die Histaminintoleranz (HIT) entsteht durch ein Zuviel an Histamin im Körper, das nicht abgebaut werden kann, weil zu wenig Histamin abbauendes Enzym (das DAO-Enzym) vorhanden ist. Da der menschliche Organismus auch selbst Histamin produziert, muss ein Körper mit zu wenig abbauendem DAO-Enzym stets gegen ein Zuviel von Histamin ankämpfen. Daher sollte nicht zusätzlich mit der Ernährung Histamin zugeführt werden.

Die Ernährung eines HIT-Betroffenen sollte im Wesentlichen histaminfrei bzw. sehr histaminarm sein.

Histamin ist **thermostabil**, d. h., es wird durch Erhitzen nicht zerstört. Daher ist es notwendig, beim Backen nur histaminfreie bzw. histaminarme Lebensmittel zu verwenden.

Einteilung der histaminhaltigen Lebensmittel

1. Eiweißhaltige Nahrungsmittel:

Diese Nahrungsmittel enthalten immer Histamin. So können Milch und Milchprodukte nicht histaminfrei sein, aber bei hohem Frischegrad können sie sehr histaminarm sein. Daher können Sie Milch und frische Milchprodukte, wie z. B. Topfen (Quark) und Joghurt, zum Backen verwenden.

2. Histaminliberatoren:

Das sind Nahrungsmittel, die von sich aus unspezifisch Histamin freisetzen können. Dazu zählen z. B. Erdbeeren und Zitrusfrüchte. Diese sollten nicht verwendet werden, sondern durch anderes Obst (Pfirsiche, Nektarinen, Heidelbeeren (Blaubeeren), Brombeeren, Kirschen etc.) ersetzt werden.

3. Biogene Amine:

Biogene Amine haben die gleichen Auswirkungen auf den menschlichen Organismus wie Histamin und sollten daher nicht gegessen werden. Zu den biogenen Aminen zählen u. a. Walnüsse, Weizen, Bananen, Ananas. Sie entstehen wie Histamin als Folge von mikrobieller Aktivität. Hefe sollte für histaminintolerante Personen ebenso tabu sein.

4. Schokolade:

Schokolade enthält selbst kein Histamin, jedoch die beiden anderen biogenen Amine Phenylethylamin und Tyramin, die aus dem Kakao stammen. Diese Amine haben die gleichen Auswirkungen wie Histamin im Blut und sie verhindern den Histaminabbau.

Tyramin und Phenylethylamin sind im Kakao enthalten. Diese beiden biogenen Amine sollen insbesondere die Ursache für Migräne sein.

Daher sind sämtliche Nahrungsmittel mit Schokolade, wie Kakaogetränke, Schokoladentorten etc., nicht zu empfehlen.

Statt Schokolade und Kakao können verwendet werden:

- Carobpulver als Kakaoersatz
- Mohn
- Kastanien
- Mandeln
- Kokos

Grundsätzlich gilt:

1. Histamin wird nicht durch Erhitzen zerstört.
2. Stets frische Lebensmittel verwenden.
3. Je länger ein Lebensmittel gelagert oder gereift ist, desto höher ist sein Gehalt an Histamin und anderen biogenen Aminen.

Lebensmittel, die zum Backen geeignet sind

Folgende Lebensmittel können Sie zum Backen verwenden:

1. Dinkelmehl, Kartoffelmehl, Reismehl, Maismehl, Haferflocken
2. Eier
3. Mandeln, Mohn, Kokos, Kastanienreis, Maroni
4. Milch, Frischkäse, Buttermilch, Rahm, Topfen (Quark), Joghurt, Schlagobers (Schlagsahne), Sauerrahm (saure Sahne/Schmand), Mozzarella, sehr junger Käse, wie z. B. Butterkäse (keine Rohmilchprodukte!)
5. Obst: Äpfel, Heidelbeeren (Blaubeeren), Kirschen, Ribisel (Johannisbeeren), Marillen (Aprikosen), Nektarinen, Pfirsiche, Melonen, Mango, Litchi, Khaki, Rhabarber
6. Gemüse: Karotten, Zucchini, Brokkoli, Kürbis, Zwiebel, Radieschen, Gurke, Lauch, Knoblauch, Mais, Spargel, Paprika, Blattsalate wie Grüner Salat, Mangold, Karfiol (Blumenkohl), Kohl, Rote Rübe (Rote Beete)
7. Putenschinken, Toastschinken, Pressschinken und dergleichen (keine Rohschinken!)

Lebensmittel, die nicht zum Backen geeignet sind

Folgende Lebensmittel sollten Sie zum Backen nicht verwenden:

1. Hefeteig
2. Obst aus Konserven! Nur frisches Obst verwenden.
3. Nicht backen mit Birnen, Kiwi, Orangen, Bananen, Ananas, Erdbeeren, Grapefruit, Zitrusfrüchten, Papaya, roten Zwetschken (Pflaumen)
4. Schokolade, Kakao
5. Nüsse, insbesondere Walnüsse und Cashewnüsse
6. Bei pikantem Backwerk: keinen Emmentaler, Parmesan, Bergkäse, Camembert, Roquefort und Rohmilchkäse verwenden! Ebenso auch keine Rohwürste oder Rohschinken (z. B. Westfäler, Kantwurst, Salami, Landjäger, Parmaschinken, Osso collo, Bündner Fleisch, Hamburger Speck, Tiroler Speck) verwenden.

Auf einen Blick – die wichtigsten Lebensmittel, die es zu vermeiden gilt:

1. Hefe
2. Weizen
3. Schokolade und Kakao
4. Walnüsse
5. Zitrusfrüchte und Erdbeeren
6. Tomaten
7. Essig
8. Zusatzstoffe
9. Lebensmittel aus Konserven

Nahrungsmittel-Austauschtabelle für das Backen

Nicht verwendet werden sollte:	Stattdessen kann verwendet werden:
Weizenmehl	Kartoffelmehl, Reismehl, Maismehl, Haferflocken, glutenfreies Mehl, Dinkelmehl oder Dinkelvollkornmehl Bedenken Sie: Bei Kuchen, die hell sind, wie z. B. Biskuit, Pfannkuchen und dergleichen, sollten Sie kein Dinkelvollkornmehl verwenden, sonst verliert sich die helle Farbe.
Panier aus Semmelbröseln (Paniermehl)	Panier mit hefefreien Dinkelbröseln
Schokolade, Nüsse	Mandeln, Mohn, Kokos und Kastanienreis
Kakao	Carob (Johannisbrotkernmehl, E 410) kann als Kakaoersatz verwendet werden, schmeckt allerdings etwas bitter, daher etwas mehr Zucker verwenden.
Rohmilchprodukte und alte, gereifte Käse	Frischkäse, Buttermilch, Sauerrahm (saure Sahne/Schmand), Topfen (Quark), Cottage Cheese, Milch, Joghurt mit den unten angeführten Früchten, Mozzarella
Orangen, Zitronen, Kiwi, Bananen, Ananas, Birnen, Erdbeeren, Grapefruit, Papaya, rote Zwetschken (Pflaumen)	Äpfel, Heidelbeeren (Blaubeeren), Kirschen, Ribisel (Johannisbeeren), Marillen (Aprikosen), Zwetschken (Pflaumen), Nektarinen, Pfirsich, Melonen, Mango, Litchi, Khaki, Rhabarber
Tomaten, Spinat, Erbsen, Linsen, Bohnen, Fisolen, Champignons, Steinpilze, Brennnessel, Avocado, Melanzani (Auberginen), Sauerkraut	Karotten, Zucchini, Brokkoli, Karfiol (Blumenkohl), Kohl, Rote Rübe (Rote Beete), Kürbis, Zwiebel, Radieschen, Gurke, Lauch, Mais, Spargel, Paprika
Konserven	im Glas Eingelegtes (Weingeistessig)
Rohschinken, Rohwürste, Dauerwurst	Putenschinken, Toastschinken, Pressschinken
Hefeteig	Sauerteig, Buttermilchteig, Rührteig, Biskuitteig, Brandteig, Mürbteig etc.
Margarine und andere industriell hergestellte Produkte	Butter
Hefeextrakt	Gewürze, Kräuter
Künstliche Geliermittel	Natürliche Gelier- und Verdickungsmittel, wie z. B. Agar Agar (E 406), Johannisbrotkernmehl (Carob, E 410) oder Guakernmehl (E 412)

Kleine Backkunde – So gelingen Kuchen und Torten

Backen macht Freude. Damit das Backwerk auch gelingt und allen schmeckt, finden Sie im folgenden Abschnitt einige Tipps:

1. Gute Vorbereitung ist der halbe Kuchen

- Alle Zutaten sollten genau gewogen werden.
- Die Formen gut befetten und bemehlen.
  (Außer bei beschichteten Formen, diese werden nur befettet!)
- Die Backbleche mit Backpapier belegen.

2. Die Zutaten

- Verwenden Sie immer zimmerwarme Butter, die mit Zucker und Ei cremig geschlagen wird. Wenn nötig, können einige Löffel Milch dazugegeben werden, um zu cremiger Konsistenz zu gelangen.
- Eier sollten immer über einem gesonderten Gefäß aufgeschlagen werden. Riechen Sie zuerst daran und führen Sie die Eier erst dann der weiteren Verarbeitung zu. Bedenken Sie: Ein einziges schlechtes Ei verdirbt andernfalls alles!
- Eischnee kann mit einer Prise Salz versehen werden. Eischnee wird immer zu Beginn des Backens geschlagen, dann kann der Schnee auf einen Teller herausgehoben werden und die Rührschüssel steht zur weiteren Verwendung zur Verfügung. Umgekehrt funktioniert das nicht. Wird die Rührschüssel nach der Zubereitung des Teiges nur schnell in der Spüle abgewaschen, ist sie meist nicht völlig fettfrei. Aber nur in einem fettfreien Gefäß gelingt ein fester Eischnee!
- Küchenmaschinen bzw. elektrische Rührgeräte erleichtern die Arbeit!

3. Der Backvorgang

Beim Backen sollte Folgendes beachtet werden:

- Backofen rechtzeitig vorwärmen, also am besten gleich zu Beginn, noch bevor die Zutaten gewogen werden.
- Während des Backvorgangs sollte die Tür des Backofens am besten gar nicht geöffnet werden.
- Wird der Kuchen auf der Oberfläche dunkel, muss aber noch weiter gebacken werden, so legt man Alufolie auf den Kuchen und verhindert so das Verbrennen.
- Backprobe: Stechen Sie mit einem dünnen Spieß oder mit einer Stricknadel in den Kuchen. Bleibt der Stab sauber, ist der Kuchen durchgebacken.

4. Nach dem Backen

- Den Rand mit einem Messer vorsichtig lösen und dann zum Überkühlen den Kuchen auf ein Gitter oder auf ein ebenes Brett stürzen.
- Zum Schneiden von frischen Kuchen immer ein Sägemesser verwenden.

5. Wichtige Punkte, die bei der Tortenherstellung beachtet werden sollten

- Backofen rechtzeitig vorheizen (siehe oben). Es ist nicht gut, wenn die Tortenmasse lange stehen muss. Ebenso sollte die Tortenform noch vor dem Schneeschlagen befettet und bemehlt werden.
- Ob eine Torte fertig gebacken ist, kann mit der Stricknadel-Probe festgestellt werden: Die Stricknadel wird in das Backgut gesteckt. Bleibt Teig hängen, muss noch weitergebacken werden. Ist die Nadel sauber, ist die Torte fertig.
- Nach dem Herausnehmen sollte die Torte auf ein Tortengitter gestürzt werden, so kann sie am besten auskühlen.
- Erst nach dem vollständigen Auskühlen kann die Torte mit einem langen, dünnen Messer oder mit der Bindfadenmethode (ringsum mit einem Messer die Torte ca. 1 cm tief einschneiden, einen Nähfaden um die Torte legen und dann über Kreuz zusammenziehen) durchgeschnitten werden.
- Jede Torte muss vor dem Glasieren dünn mit Marmelade bestrichen werden.
- Glasiert wird die Torte am besten auf einer Tortenplatte, da sie auf dieser eben aufliegt (ist bei einem Teller nicht der Fall). Nach dem Glasieren sollte die übergeflossene Glasur entfernt und mit einem sauberen Tuch die Tortenplatte gereinigt werden.
- Eine lange Palette (Winkelpalette) kann für den Glasurvorgang sehr hilfreich sein.

Grundteige

Grundrezepte sind das ABC der Kochkunst. Alle Teige lassen sich auf Grundrezepte zurückführen, die bestimmte Grundzutaten, Grundmengen und Grundregeln haben. Je nach Wahl der verbessernden Zutaten und je nach Art der Formgebung entstehen aus dem gleichen Grundteig die unterschiedlichsten Leckereien.

Folgende Teigarten stehen bei Histaminintoleranz zur Verfügung:

- Backpulverteig
- Mürbteig
- Biskuitteig
- Sandmasse
- Brandteig

Backpulverteig

Backpulver entwickelt durch die Einwirkung von Feuchtigkeit und Hitze Kohlensäure, die den Teig lockert. Es ist ein sehr beliebtes Teiglockerungsmittel, da es einfach in der Anwendung und sicher in seiner Wirkung ist und den Geschmack nicht merklich beeinflusst. Zu beachten ist, dass ein Backpulverteig nicht lange stehen soll, damit die Kohlensäure nicht zu früh entweicht.

Es gibt den weichen und den festen Backpulverteig.

Weicher Backpulverteig (Gerührter Teig)

Aus dem Eiweiß einen festen Eischnee schlagen. Die Butter flaumig rühren, dann Eigelb und Zucker abwechselnd zugeben, etwas Milch und dann das Mehl mit dem Backpulver löffelweise zugeben. Zuletzt den Eischnee vorsichtig unterheben.

Fester Backpulverteig (Gekneteter Teig)

Butter, Zucker und Ei schaumig schlagen, etwa die Hälfte des Mehls zugeben, die Milch einrühren, dann mit dem restlichen Mehl zu einem geschmeidigen Teig verarbeiten.

Zutaten Weicher Backpulverteig	
300 g	Dinkelmehl
150 g	Rohrzucker
100 g	Butter
3	Eigelb
3	Eiweiß
1/2 Pkg.	Weinsteinbackpulver
125 ml	Milch

Zutaten Fester Backpulverteig	
300 g	Dinkelmehl
120 g	Rohrzucker
120 g	Butter
1	Ei
1/3 Pkg.	Weinsteinbackpulver
3 EL	Milch

Mürbteig

Dieser Teig enthält viel Butter, mindestens halb so viel wie Mehl, es kann sogar bis zur gleichen Menge wie Mehl sein. Beim Mürbteig wirkt die Butter auflockernd und das Fett macht den Teig mürbe.

Mürbteig kann zu Keksen verarbeitet werden oder z. B. als Torten-/Kuchenboden Verwendung finden.

Beim Mürbteig ist zu beachten:

- Rasch und kühl arbeiten, damit die Butter nicht zu weich und somit der Teig brüchig wird.
- Der Mürbteigboden soll vor dem Backen mit einer Gabel angestochen werden.
- Verbessernde Zutaten sind Mandeln, Vanille, Zimt etc.

Feiner Mürbteig

Alle Zutaten in einer Küchenmaschine mit dem Knethaken zu einem glatten Teig verarbeiten und 30 Minuten kalt stellen.

Einfacher Mürbteig

Alle Zutaten in einer Küchenmaschine mit dem Knethaken zu einem glatten Teig verarbeiten und 30 Minuten kalt stellen.

Zutaten Feiner Mürbteig

300 g	Dinkelmehl
200 g	Butter
100 g	Rohrzucker
2	Eigelb
1 EL	Milch

Zutaten Einfacher Mürbteig

300 g	Dinkelmehl
150 g	Butter
100 g	Rohrzucker
1	Ei
2 EL	Milch

Biskuitteig

Bei diesem Teig wirkt die eingeschlagene Luft auflockernd. Daher sollte der Teig nicht stehen gelassen werden, da sonst die eingeschlagene Luft entweicht.

Beim Biskuitteig ist zu beachten:

- Backformen befetten und bemehlen, nur zwei Drittel der Form sollten gefüllt werden.
- Die Masse kann auch auf Backpapier gestrichen werden.
- Ist das Biskuit fertig gebacken, dann ist Eile geboten: Das Papier löst man nach dem Backen am besten durch Stürzen des Backguts auf ein feuchtes Tuch und durch Bestreichen der Unterseite mit einem feuchten Schwamm und gleichzeitigem Abziehen. Lässt man das Biskuit auf dem Backblech erkalten, kann das Backpapier kaum abgezogen werden.
- Biskuitteig auf dem Backblech bei starker Hitze backen, während der gleiche Teig in einer Backform nur bei mäßiger Hitze gebacken wird.

Zutaten Feine Masse

1	Eigelb
1	Eiweiß
20 g	Rohrzucker
20 g	Dinkelmehl

Zutaten Ausgiebige Masse

1	Ei
1 EL	Wasser
40 g	Dinkelmehl
40 g	Rohrzucker

Zutaten Feste Masse

1	Ei
1 eischwer	Zucker
1 eischwer	Dinkelmehl

Zutaten Kleinbiskuit-Masse

1	Ei
50 g	Rohrzucker
50 g	Dinkelmehl

Die vier Grundteige des Biskuitteiges

Achtung: Die Mengen sind pro Ei angegeben, die Mengenangaben müssen daher je nach Bedarf vervielfältigt werden.

Feine Masse

Variante 1: Rührbiskuit

Eischnee schlagen, in einer 2. Schüssel Eigelb und Zucker schaumig rühren, Mehl und Schnee abwechselnd langsam unterheben.

Variante 2: Schnellbiskuit

In den festen Eischnee wird der Zucker eingeschlagen, dann das Eigelb zugegeben und zuletzt das Mehl eingerührt.

Ausgiebige Masse

Eier, Zucker und Wasser dickschaumig schlagen, Mehl einrieseln lassen. Bei dieser Masse kann auch etwas Backpulver zugegeben werden.

Feste Masse

Diese feste Masse eignet sich für Zwieback, Bischofsbrot, Teekuchen etc. Die Eier werden mit dem Zucker dickschaumig gerührt, das Mehl wird langsam beigegeben.

Kleinbiskuit-Masse

Dieser Teig eignet sich besonders für Anisbögen, Stanitzel, Hobelspäne und vieles mehr.
Das Ei wird mit dem Zucker verrührt, das Mehl zugegeben. Bei dieser Masse sollte so wenig wie möglich gerührt werden, denn dann wird das Gebackene viel glatter und schöner.

Sandmasse („Gleichschwermasse“)

Die Sandmasse ist ähnlich wie der Biskuitteig, enthält aber Butter. Die Butter und die eingerührte Luft wirken bei diesem Teig auflockernd.

Bei der Sandmasse ist zu beachten:

- Die Hälfte des Mehls kann bei diesem Teig durch Stärkemehl ersetzt werden.
- Der Kuchen wird lockerer, wenn nur das Eigelb mit dem Zucker verrührt wird und Eischnee und Mehl zuletzt untergehoben werden.
- Immer bei Mittelhitze backen.

Verwendet wird dieser Teig z. B. für einen Obstkuchen: Alle Zutaten mal 4 oder 5 rechnen, verrühren und mit Obst belegen.

Variante 1: Leichte Masse

Variante 2: Schwere Masse

Die Butter wird schaumig gerührt, Eier und Zucker werden nach und nach zugegeben, 5 Minuten rühren und erst dann das Mehl vorsichtig unterheben.

6. Brandmasse (Brandteig)

Im Brandteig ist Wasser eingeschlossen und dieses verdampft beim Backen und lockert den Teig.

Beim Brandteig ist zu beachten:

- Vor Verwendung des Teiges lässt man ihn 30 Minuten rasten.
- Brandteig kann in Salzwasser gekocht, im Rohr gebacken oder in heißem Fett gebacken werden.
- Backblech leicht befetten und mit Wasser bespritzen.
- Brandteig wird bei großer Hitze gebacken, die ersten 10 Minuten nicht die Backofentür öffnen, dann bei Mittelhitze weiterbacken.
- Das Gebäck im Backofen abkühlen lassen, da es sonst leicht zusammenfällt.

Verwendung findet der Brandteig z. B. für Eclairs, Profiteroles, Pizzateig (ohne Zucker!) etc.

Wasser, Salz und Butter (gegebenenfalls Zucker) werden aufgekocht, das Mehl wird eingerührt und der Teig ständig gerührt, bis er sich vom Rand löst. Den Topf von der Herdplatte nehmen und nach einigen Minuten (wenn der Teig etwas überkühlt ist) die versprudelten Eier einrühren.

Zutaten Leichte Masse	
1	Ei
40 g	Butter
40 g	Rohrzucker
40 g	Dinkelmehl

Zutaten Schwere Masse	
1	Ei
50 g	Butter
50 g	Rohrzucker
50 g	Dinkelmehl

Zutaten Brandmasse	
125 ml	Wasser (oder Milch)
	Salz
30 g	Butter
80 g	Dinkelmehl
(20 g	Rohrzucker)
2	Eier

Kuchen

Topfenstrudel

Geht sehr schnell!

Zutaten

Strudel:

1 Pkg.	(Dinkel-)Strudelblätter
Etwas	Rapsöl zum Bepinseln

Topfenfülle:

3	Eier
250 g	Topfen (Quark)
125 g	Sauerrahm (saure Sahne)
Prise	Salz
30 g	Rohrzucker

Backofen auf 180 Grad vorheizen.

Die Strudelblätter aus der Verpackung nehmen, auf einem Backpapier auflegen.

Für die Fülle alle Zutaten cremig rühren und auf die Strudelblätter streichen. Strudel einrollen, die Enden einschlagen und mit Rapsöl bepinseln.

Im vorgeheizten Backofen bei 180 Grad 20 bis 25 Minuten backen.

Malakoff-Schnitten

Für die Creme Butter, Eigelb und Zucker schaumig rühren. Mandeln und Zucker mischen, das Schlagobers (Schlagsahne) steif schlagen. Mandel-Zucker-Gemisch unter das Schlagobers (Schlagsahne) heben und mit der Butter-Eigelb-Zuckermasse vermengen.

Eine Tortenform mit Biskotten (Löffelbiskuit) auf dem Boden und an der Seite auskleiden, mit Creme bedecken, dann wieder eine Lage Biskotten (Löffelbiskuit) und wieder Creme aufstreichen. So fortfahren, bis die letzte Lage eine Schicht Biskotten (Löffelbiskuit) ist. Kalt stellen und mit Schlagobers verzieren.

Tipp:

Statt der Dinkelbiskotten (Löffelbiskuit) können Sie auch einen Biskuitteig backen und diesen nach dem Erkalten in Streifen schneiden. Dazu 5 Eier und 200 g Rohrzucker dickschaumig schlagen und 100 g Dinkelmehl einrieseln lassen.

Zutaten

Schnitten:

40 Stück	Dinkelbiskotten (Löffelbiskuit)

Creme:

150 g	Rohrzucker
150 g	Butter
2	Eigelb
150 g	geriebene Mandeln
50 g	Kristallzucker
250 ml	Schlagobers (Schlagsahne)

Apfel-Streusel-Kuchen

Zutaten

Kuchen:

500 g	Dinkelmehl
1 Pkg.	Weinsteinbackpulver
250 g	weiche Butter
250 g	Rohrzucker
1 Pkg.	Bourbon-Vanillezucker
2	Eigelb

Fülle:

1,5 kg	Äpfel, geschält, in Scheiben geschnitten
150 g	Rohrzucker
Etwas	Zimt

Backofen auf 180 Grad vorheizen.

Für den Kuchen die Zutaten in der Küchenmaschine mit dem Knethaken zu einer krümeligen Masse verarbeiten.

Zwei Drittel der Masse auf ein mit Backpapier belegtes Blech dünn verteilen, andrücken. Die Äpfel auf dem Teig verteilen, mit Zucker und spärlich Zimt bestreuen.

Die restlichen Streusel darübergeben und im vorgeheizten Backofen bei 180 Grad ca. 30 Minuten backen.

Kürbiskuchen

Zutaten

450 g	Hokaido-Kürbis
2	Eier
200 g	Rohrzucker
1/2 Pkg.	Bourbon-Vanillezucker
1 TL	Zimt
100 ml	Rapsöl
250 g	Dinkelmehl
1/2 Pkg.	Weinsteinbackpulver
80 g	geriebene Mandeln
Prise	Salz

Backofen auf 180 Grad vorheizen.

Den Kürbis in Spalten schneiden, entkernen. 450 g Kürbisfleisch mit Schale grob raspeln.

Eier trennen, Eiweiß zu festem Schnee schlagen. Eigelb, Zucker, Zimt und Öl cremig rühren, den Kürbis unterheben. Mehl, Backpulver und Mandeln einrühren, salzen, Eischnee unterheben.

Den Teig in eine befettete Form füllen und im vorgeheizten Backofen bei 180 Grad ca. 50 bis 55 Minuten backen.

Tipp:

Zum Kürbiskuchen passt sehr gut Zimt-Schlagobers. Dafür 250 g Schlagobers (Schlagsahne) steif schlagen, mit 2 EL Rohrzucker süßen und 1/2 TL Zimt zugeben.

Italienischer Käsekuchen

Den Backofen auf 170 Grad vorheizen.

Für den Kuchenboden Butter, Mehl, Backpulver, Salz und Zucker mit der Küchenmaschine mit dem Knethaken zu Streusel verarbeiten. Die Streusel in eine befettete Tortenform geben, fest andrücken, kalt stellen.

Für die Käsecreme Eier mit Zucker 5 Minuten schaumig rühren. Mascarpone, Topfen (Quark), Amaretto und Puddingpulver verrühren, mit der Eier-Masse vermischen und auf den Streuselboden geben.

Die zerriebenen Kekse auf der Creme verteilen, Mandelblättchen darüberstreuen und zuerst bei 170 Grad 45 Minuten backen. Dann mit Alufolie abdecken und noch weitere 30 Minuten backen.

Den Kuchen in der Form auskühlen lassen und mit Staubzucker (Puderzucker) bestreut servieren.

Zutaten

Kuchenboden:

150 g	weiche Butter
150 g	Dinkelmehl
1/2 Pkg.	Weinsteinbackpulver
	Salz
75 g	Rohrzucker
1 Pkg.	Bourbon-Vanillezucker

Käsecreme:

5	Eier
50 g	zerriebene Dinkelbutterkekse oder Amarettini
250 g	Mascarpone
150 g	Staubzucker (Puderzucker)
500 g	Topfen (Quark)
7 EL	Amaretto
1 Pkg.	Vanillepuddingpulver

Außerdem:

50 g	Mandelblättchen
	Staubzucker (Puderzucker) zum Bestreuen

Mohn-Topfen-Himbeer-Schnitte

Zutaten

Schnitten:

6	Eier
150 g	Butter
180 g	Rohrzucker
1 1/2 TL	Bourbon-Vanillezucker
1 1/2 TL	Zimt
Prise	Salz
225 g	geriebener Mohn
105 g	geriebene Mandeln oder Haselnüsse

Creme:

250 g	Topfen (Quark)
100 g	Staubzucker (Puderzucker)
1 TL	Bourbon-Vanillezucker
500 ml	Schlagobers (Schlagsahne)
5 Blatt	Gelatine

Belag:

300 g	Himbeeren oder Ribisel (Johannisbeeren)
50 g	Staubzucker (Puderzucker)
3 Blatt	Gelatine

Backofen auf 180 Grad vorheizen.

Für den Kuchen Eier trennen. Das Eiweiß zu steifem Schnee schlagen, zur Seite stellen. Eigelb, Butter und Zucker 4 Minuten mit der Küchenmaschine rühren. Zimt, Salz, Mohn und Nüsse zugeben. Auf ein mit Backpapier belegtes Backblech streichen und im vorgeheizten Backofen bei 180 Grad 20 bis 30 Minuten backen.

Für die Fülle den Topfen (Quark) mit Zucker gut verrühren, Gelatine in kaltem Wasser einweichen, ausdrücken und in 2 EL heißem Wasser auflösen. Tröpfchenweise unter die Topfenmasse rühren. Schlagobers steif schlagen und unter die Füllmasse ziehen. Creme auf den erkalteten Kuchen streichen.

Für den Belag die Himbeeren bzw. Ribisel (Johannisbeeren) mit Staubzucker (Puderzucker) pürieren, Gelatine in Wasser einweichen, ausdrücken und in einigen Löffeln erwärmtem Himbeerpüree auflösen. Leicht abgekühlt auf die Topfencreme auftragen und den Kuchen im Kühlschrank ca. 2 bis 3 Stunden kalt stellen. Anschließend in Schnitten schneiden.

Tipp:

Auch als rechteckiger Kuchen oder Torte geeignet, dafür die Masse reduzieren: 4 Eier, 100 g Butter, 120 g Rohrzucker, je 1 TL Zimt, Bourbon-Vanillezucker, Prise Salz, 150 g geriebener Mohn, 70 g geriebene Mandeln oder Haselnüsse.

Biskuitroulade

Zutaten

Roulade:

5	Eier
200 g	Rohrzucker
100 g	Dinkelmehl

Außerdem:

Marillenmarmelade (Aprikosenkonfitüre) zum Füllen

Backofen auf 180 Grad vorheizen.

Die ganzen Eier mit dem Rohrzucker 5 Minuten schaumig rühren und dann das Dinkelmehl unterheben. Auf einem mit Backpapier belegten Blech dünn aufstreichen und im vorgeheizten Backofen bei 180 Grad 10 bis 15 Minuten backen.

Ein befeuchtetes Geschirrtuch auf der Arbeitsplatte ausbreiten, den Kuchen auf dem Backpapier aus dem Backofen nehmen und sofort verkehrt auf das Geschirrtuch stürzen. Mit einem feuchten Tuch über das heiße Backpapier streichen und das Papier vorsichtig abziehen.

Marillenmarmelade (Aprikosenkonfitüre) auf den Kuchen dünn auftragen und sofort einrollen. Die festen Enden abschneiden und die Roulade auf einen mit Kuchenpapier belegten Teller setzen.

Tipp:

Wollen Sie eine Roulade mit einer Sahne-Creme zubereiten, muss der Kuchen vor dem Füllen erkalten. Um die Roulade kalt und ohne Risse rollen zu können, ist es notwendig, den heißen Kuchen ohne Fülle sofort einzurollen und in diesem Zustand erkalten zu lassen.

Für die Sahne-Creme 500 ml Schlagobers (Schlagsahne) steif schlagen, 1 TL Vanillezucker unterrühren und eventuell frische Früchte untermengen (Beeren, Kirschen etc.).

Eierlikör-Becherkuchen

Backofen auf 180 Grad vorheizen.

Die Eier mit dem Zucker 5 Minuten schaumig schlagen, Öl und Likör langsam einrühren und zuletzt Mehl und Backpulver unterheben. Die Masse in eine befettete Kuchenform gießen.

Im vorgeheizten Backofen bei 180 Grad ca. 35 bis 40 Minuten backen.

Den Kuchen mit Marillenmarmelade (Aprikosenkonfitüre) füllen oder außen bestreichen. Je nach Belieben mit Staubzucker (Puderzucker), Zuckerperlen und Zuckerstreusel oder Kokosraspeln bestreuen.

Tipp:

Verwenden Sie für die Zubereitung einen gereinigten 250-g-Joghurtbecher.

Zutaten

Teig:

5	Eier
1 Becher	Rohrzucker
1 Pkg.	Bourbon-Vanillezucker
1/2 Becher	Rapsöl
1 Becher	Eierlikör
2 Becher	Dinkelmehl
1/2 Pkg.	Weinsteinbackpulver

Außerdem:

	Marillenmarmelade (Aprikosenkonfitüre) zum Füllen
	Staubzucker (Puderzucker), Zuckerperlen, Zuckerstreusel, Kokosraspeln etc. zum Dekorieren

Marillenkuchen

Zutaten

Teig:

5	Eier
4 eischwer	weiche Butter
4 eischwer	Rohrzucker
4 eischwer	Dinkelmehl
1 kg	entsteinte Marillen

Außerdem:

	Mandelblättchen zum Bestreuen

Backofen auf 180 Grad vorheizen.

Eier trennen. Eiweiß zu Schnee schlagen. Eigelb, Zucker und Butter flaumig rühren. Schnee und Mehl unter die Masse heben und auf ein mit Backpapier belegtes Backblech streichen.

Mit Marillenhälften (Aprikosenhälften) belegen, Mandelblättchen darüberstreuen und im vorgeheizten Backofen bei 180 Grad ca. 40 bis 45 Minuten backen.

Tipp:

1 Ei wiegt ca. 60 g (ohne Schale). Um einen optimalen Marillenkuchen backen zu können, empfiehlt es sich, die 5 Eier aufzuschlagen und abzuwiegen. Dieses Gewicht durch 5 dividieren und mal 4 ergibt das Gewicht für den Zucker bzw. mal 4 ergibt die Mehlmenge.

Puddingkuchen

Zutaten

1 Pkg.	Vanillepuddingpulver
250 ml	Milch
30 g	Butter
80 g	Rohrzucker
1	Ei
150 g	Dinkelmehl
1/2 Pkg.	Weinsteinbackpulver
	Marillenmarmelade (Aprikosenkonfitüre) zum Füllen

Backofen auf 180 Grad vorheizen.

Alle Zutaten zu einer weichen Masse verarbeiten und auf ein befettetes Backblech streichen.

Im vorgeheizten Backofen bei 180 Grad ca. 25 Minuten backen, auskühlen lassen, den Kuchen in zwei Teile teilen, einen Teil mit Marmelade füllen, den zweiten Teil darauflegen und in Streifen schneiden.

Cremeschnitten

Backofen auf 170 Grad vorheizen.

Blätterteig zum Rechteck (ca. 30 x 40 cm) ausrollen, 32 Stücke (à 8 x 5 cm) schneiden, auf ein mit Backpapier belegtes Backblech legen. Im vorgeheizten Backofen bei 170 Grad ca. 15 Minuten backen.

Für die Creme Eiweiß zu Schnee schlagen. Eigelb mit 125 ml Milch und dem Puddingpulver verrühren. Restliche Milch mit 40 g Zucker und der Butter aufkochen, das angerührte Puddingpulver zugeben, aufkochen. Den Eischnee mit 40 g Zucker vermengen und unter den Pudding heben, nochmals aufkochen. Erkalten lassen.

16 Teigstücke mit der Vanillecreme bestreichen und je ein Teigstück darauflegen, Rest der Vanillecreme daraufstreichen.

Tipp:

Mit Obst der Saison füllen oder belegen!

Aus den verbleibenden 2 Eiweiß einen steifen Eischnee schlagen, mit 50 g Zucker vermengen und auf die Kuchenstücke Rosetten spritzen, die mit Mandelblättchen bestreut werden können. Die Kuchenstücke werden dann noch im Backofen 2 bis 3 Minuten überbacken.

Zutaten

Schnitten:

2 Pkg.	Dinkelblätterteig (à 450 g)

Creme:

4	Eigelb
750 ml	Milch
2 Pkg.	Vanillepuddingpulver (zum Kochen für je 500 ml Milch)
80 g	Staubzucker (Puderzucker)
50 g	Butter
2	Eiweiß

Kardinalschnitten mit Kaffeecreme

Zutaten

Weiße Masse:

7	Eiweiß
180 g	Rohrzucker
1 Pkg.	Bourbon-Vanillezucker
	Alle Zutaten 5 Minuten schaumig schlagen.

Gelbe Masse:

3	Eier
3	Eigelb
50 g	Rohrzucker
50 g	Dinkelmehl
	Alle Zutaten 5 Minuten schaumig schlagen.

Kaffeeoberscreme:

500 ml	Schlagobers (Schlagsahne)
3 Blatt	Gelatine
2 EL	flüssiger, starker Kaffee
30 g	Staubzucker (Puderzucker)
1 Pkg.	Vanillezucker

Backofen auf 160 Grad vorheizen.

Für die Creme das Schlagobers (Schlagsahne) sehr steif schlagen, Zucker unterrühren. 3 Blatt Gelatine in wenig Wasser einweichen, ausdrücken und im Kaffee vorsichtig auflösen. (Tipp: Kaffee in einem Topf auf dem Herd etwas erwärmen und unter Rühren auflösen.) Dieses warme aufgelöste Gelee tröpfchenweise ins Schlagobers unterheben. (Achtung: Nicht zu viel auf einmal eingießen, sonst zerrinnt das Schlagobers!)

In einen Dressiersack (oder Plastiksäckchen mit abgeschnittener Ecke) die weiße Masse einfüllen und auf 2 mit Backpapier belegte Backbleche jeweils 3 Bahnen im Abstand von 3 bis 4 cm spritzen.

Danach die gelbe Masse in den Dressiersack einfüllen und jeweils in die Zwischenräume 2 Mal die 2 Bahnen auf das Blech dressieren, überzuckern.

Im vorgeheizten Backofen bei 160 Grad 30 Minuten backen, auskühlen lassen.

Die Bahnen eines Backblechs mit Kaffeecreme bestreichen und die zweite Bahn darauflegen. Kühl stellen.

Tipp:

Füllen Sie die Kardinalschnitten zur Abwechslung einmal mit Vanillecreme oder mit Beerenoberscreme (Rezept siehe Seite 110). Besonders gut eignen sich dafür Brombeeren und Heidelbeeren (Blaubeeren).

Kaffeeküchlein

Ganz ohne Fett!

Zutaten

4	Eier
80 g	Rohrzucker
20 g	Bourbon-Vanillezucker
20 g	Instant-Kaffeepulver
120 g	Dinkelmehl (Tipp: 40 g durch glutenfreies Mehl ersetzen)
10 g	Weinsteinbackpulver

Backofen auf 180 Grad vorheizen.

Eier mit Zucker 5 Minuten schaumig rühren, Mehl mit den restlichen Zutaten löffelweise zugeben und langsam einrühren.

Kleine Backförmchen mit Rapsöl bepinseln, Masse löffelweise einfüllen und im vorgeheizten Backofen bei 180 Grad ca. 15 Minuten backen.

Tipp:

Diese Teigmenge ergibt ca. 6 bis 7 Stück. Wenn Sie eine größere Menge brauchen, verdoppeln Sie einfach alle Zutaten.

Saftiger Beerenkuchen

Geht sehr schnell!

Zutaten

Kuchen:

300 g	rote Ribiseln (Johannisbeeren)
160 g	Butter oder Rapsöl
160 g	Rohrzucker
4	Eier
Prise	Salz
1 Pkg.	Bourbon-Vanillezucker
Prise	Zimt
350 g	Dinkelmehl
3 TL	Weinsteinbackpulver
150 g	geriebene Mandeln
4–6 EL	Milch

Außerdem:

	Staubzucker (Puderzucker) zum Bestreuen

Backofen auf 180 Grad vorheizen.

Eier mit Zucker 5 Minuten schaumig schlagen, weiche Butter unterrühren und Mehl, Zimt, Backpulver, Salz, Milch und Mandeln einrühren. Die Ribiseln (Johannisbeeren) vorsichtig mit einem Löffel unterheben.

Die Masse auf ein mit Backpapier belegtes Blech streichen und im vorgeheizten Backofen bei 180 Grad 35 bis 45 Minuten backen. Mit Staubzucker (Puderzucker) bestreut servieren.

Mandelkranz mit Apfelfüllung

Backofen auf 175 Grad vorheizen.

Äpfel schälen, entkernen und in Vierteln schneiden.

Für den Teig die Butter mit dem Zucker und dem Salz schaumig schlagen. Eier einzeln zugeben und je ca. 1/2 Minute unterrühren. Danach das Mehl mit dem Backpulver löffelweise einrühren.

Teig halbieren, die eine Hälfte zur Seite stellen und in die andere Hälfte Mandeln, Milch und Zimt einrühren.

Beide Teigmassen abwechselnd löffelweise in eine befettete Kranzform geben, Äpfel mit der Wölbung nach unten in die Masse drücken und den Kuchen bei 175 Grad ca. 50 Minuten backen.

Kuchen aus der Form nehmen, auf einen mit Tortenpapier belegten Teller setzen, mit Staubzucker (Puderzucker) und Mandelblättchen bestreut servieren.

Tipp:

Der Kuchen schmeckt auch ohne Apfelfüllung ausgezeichnet. Zum Verfeinern kann man Zimt-Schlagobers (Schlagsahne) zum Kuchen reichen. Dafür 250 g Schlagobers (Schlagsahne) steif schlagen, mit 2 EL Rohrzucker süßen und 1/2 TL Zimt zugeben.

Zutaten

Teig:

250 g	weiche Butter
300 g	Rohrzucker
1 Pkg.	Bourbon-Vanillezucker
Prise	Salz
5	Eier
250 g	Dinkelmehl
1/2 Pkg.	Weinsteinbackpulver
100 g	geriebene Mandeln
1 TL	Zimt
6 EL	Milch

Fülle:

600 g	säuerliche Äpfel

Außerdem:

2 EL	Mandelblättchen
100 g	Staubzucker (Puderzucker)

Vanillecreme-Obstschnitten

Zutaten

Mürbteig:

250 g	Dinkelmehl
100 g	Butter
50 g	Rohrzucker
1	Ei
Prise	Salz

Creme:

1 Pkg.	Vanillepuddingpulver
500 ml	Milch
60 g	Staubzucker (Puderzucker)
100 g	geriebene Mandeln
500 g	Topfen (Quark)
200 g	Schlagobers (Schlagsahne)
5 Blatt	Gelatine

Belag:

750 g	Obst (Kirschen, Pfirsiche, Beeren ... gemischt oder einzeln verwenden)
	Mandelplättchen

Backofen auf 180 Grad vorheizen.

Für den Mürbteig die Zutaten in der Küchenmaschine zu einem glatten Teig verarbeiten, kurz kalt stellen und dann auf Backpapier zu einem Rechteck (ca. 20 cm x 30 cm) ausrollen. Auf ein Backblech heben und im vorgeheizten Backofen bei 180 Grad ca. 15 Minuten backen.

Für die Creme aus dem Puddingpulver, der Milch und dem Zucker einen Pudding nach Packungsanleitung kochen, etwas abkühlen lassen.

Gelatine einweichen. Erkalteten Pudding mit glatt gerührtem Topfen (Quark) und Mandeln verrühren. Gelatine ausdrücken, auflösen, mit 2 EL Puddingcreme verrühren, in übrige Creme rühren und 30 Minuten kalt stellen. Schlagobers (Schlagsahne) steif schlagen und unter den Pudding heben.

Den Kuchenboden mit einem Backrahmen umstellen, Obst auflegen und die Creme daraufstreichen. Über Nacht kühlen und vor dem Servieren mit frischen Oststücken belegen. Nach Belieben mit Mandelplättchen bestreuen.

Kirschen-Topfen-Blechkuchen

Zutaten

Teig:	
125 g	Butter
100 g	Rohrzucker
1 Pkg.	Bourbon-Vanillezucker
Prise	Salz
2	Eier
200 g	Dinkelmehl
1 Pkg.	Weinsteinbackpulver

Belag:	
1,5 kg	Kirschen

Topfencreme:	
2	Eier
150 g	Butter
150 g	Rohrzucker
1 Pkg.	Bourbon-Vanillezucker
500 g	Topfen (Quark)
1 Pkg.	Vanillepuddingpulver

Backofen auf 180 Grad vorheizen.

Kirschen entkernen.

Für den Teig die Butter mit dem Zucker und dem Salz schaumig schlagen, die Eier unterrühren. Mehl mit Backpulver mischen und löffelweise einrühren. Den Teig auf das mit Backpapier ausgelegte Backblech streichen.

Für die Topfencreme (Quarkcreme) die Eier trennen, Eiweiß zu festem Schnee schlagen. Butter mit Zucker cremig rühren, Eigelb und Topfen (Quark) zugeben. Zuletzt das Puddingpulver einrühren und den Schnee unterheben.

Kirschen auf dem Teig, verteilen Topfencreme (Quarkcreme) darüberstreichen. Im vorgeheizten Backofen bei 180 Grad ca. 50 Minuten backen.

Tipp:

Statt Kirschen kann man auch geschälte, entkernte und in Scheiben geschnittene Äpfel (ca. 1,75 kg) nehmen.

Gugelhupfvariationen

Zutaten

6	Eier
150 g	Rohrzucker
200 g	Dinkelmehl (oder glutenfreies Mehl)
15 ml	Rapsöl
6 EL	Wasser
1 Pkg.	Bourbon-Vanillezucker

Backofen auf 180 Grad vorheizen.

Eier trennen, Eiweiß zu Schnee schlagen. Restliche Zutaten schaumig rühren, Eischnee unterheben.

Variante 1: Marmorgugelhupf
1/3 der Masse in eine separate Schüssel geben. 1 EL Carobpulver in einer Tasse mit 3 EL warmem Wasser auflösen und unter Rühren zu diesem Drittel der Masse geben.

2/3 der Masse in eine befettete Gugelhupfform füllen, Carobmasse oben draufstreichen und mit einer Gabel zügig von oben mit Drehbewegungen einmal durchstreichen.

Variante 2: Steuselgugelhupf
50 g bunter Zuckerstreusel in die gesamte Masse vorsichtig einrühren und in eine befettete Gugelhupfform geben.

Variante 3: Kokosgugelhupf
100 g Kokosraspeln zum Grundteig hinzufügen und in eine befettete Gugelhupfform füllen.

Den Kuchen im vorgeheizten Backofen bei 180 Grad ca. 45 Minuten backen.

Mandelgugelhupf

Backofen auf 170 Grad vorheizen.

Eier, Zucker und Öl 5 Minuten schaumig schlagen. Mehl, Mandeln und Backpulver vermischen und langsam zur Ei-Zucker-Öl-Masse geben. Vorsichtig untermengen.

Eine Gugelhupfform mit Rapsöl bepinseln, die Masse einfüllen und im vorgeheizten Backofen bei 170 Grad 45 Minuten backen.

Tipp:

Verwenden Sie statt Mandeln auch einmal Kokosraspeln! Auch Zuckerkirschen oder Streusel können unter den Teig gehoben und mitgebacken werden.

Zutaten

5	Eier
170 g	Rohrzucker
110 ml	Rapsöl
1 Pkg.	Bourbon-Vanillezucker
250 g	Dinkel-(Vollkorn-)Mehl
100 g	geriebene Mandeln
1/2 Pkg.	Weinsteinbackpulver

Apfel-Zimt-Muffins

Zutaten

2	Eiweiß
560 g	Haferkleie
60 g	Rohrzucker
1 TL	Zimt
1 EL	Weinsteinbackpulver
125 g	geriebene Mandeln
125 ml	Milch
190 g	Apfelmus
2 EL	Rapsöl
1	geschälter und geriebener Apfel

Backofen auf 180 Grad vorheizen.

Eiweiß zu steifem Schnee schlagen. Alle andere Zutaten mit der Küchenmaschine vermengen, den Eischnee anschließend unterheben.

Die Teigmasse in Muffinformen (befettet oder mit Papiermanschetten ausgelegt) füllen und die kleinen Küchlein im vorgeheizten Backofen bei 180 Grad ca. 20 bis 25 Minuten backen.

Tipp:

Diese Muffins können auf Vorrat gebacken werden. Nach dem Erkalten in Gefrierbeuteln fest einschließen und tieffrieren.

Beeren-Streuselkuchen

Zutaten

Streusel:

100 g	Dinkelmehl
50 g	Rohrzucker
75 g	Butter
100 g	geriebene Mandeln

Kuchenboden:

250 g	Butter
200 g	Rohrzucker
200 g	Marzipan-Rohmasse
1 Pkg.	Bourbon-Vanillezucker
4	Eier
400 g	Dinkelmehl
1/2 Pkg.	Weinsteinbackpulver
150 g	Naturjoghurt

Außerdem:

600 g	gemischte Beeren

Backofen auf 175 Grad vorheizen.

Für die Streusel alle Zutaten in der Küchenmaschine mit dem Knethaken zu Streusel verarbeiten, kalt stellen.

Für den Kuchenboden Butter, Zucker und Marzipan schaumig rühren, die Eier einzeln zugeben und jedes ca. 1/2 Minute unterrühren. Mehl, Backpulver und Joghurt löffelweise einrühren.

Den Teig in eine mit Backpapier ausgelegte rechteckige Form oder in kleine Tortenförmchen füllen, die Beeren auf dem Teig verteilen und mit den Streuseln bedecken.

Im vorgeheizten Backofen bei 175 Grad ca. 45 Minuten backen.

Mandelkuchen

Ohne Ei!

Zutaten

250 g	geriebene Mandeln
250 g	Rohrzucker
250 g	Dinkelvollkornmehl
1/2 Pkg.	Weinsteinbackpulver
1 TL	Bourbon-Vanillezucker
1 EL	Butter
250–275 ml	Milch

Backofen auf 180 Grad vorheizen.

Mandeln, Zucker, Mehl, Backpulver und Vanillezucker miteinander vermengen und 250 ml Milch und die Butter zugeben. Klebt der Teig noch am Schüsselrand, dann löffelweise Milch zugeben, bis der Teig in der Schüssel eine cremig-lockere Konsistenz hat.

Die Masse in eine befettete Kuchenform geben und im vorgeheizten Backofen bei 180 Grad 40 bis 50 Minuten backen.

Vanillecremeschnitten

Zutaten

Schnitten:

500 g	Dinkelblätterteig

Vanillecreme:

500 ml	Milch
100 g	Kristallzucker
60 g	Vanillepuddingpulver
2	Eigelb
2	Eiweiß
2 EL	Kristallzucker

Zuckerglasur:

200 g	Staubzucker (Puderzucker), gesiebt
3–4 EL	lauwarmes Wasser

Außerdem:

50 g	heiße Ribiselmarmelade (Johannisbeerkonfitüre)

Backofen auf 180 Grad vorheizen.

Blätterteig auf bemehlter Arbeitsfläche in Größe 26 cm x 52 cm ausrollen (ca. 2 mm stark), Teig halbieren (26 cm x 26 cm), mit einer Gabel mehrmals einstechen und bei 180 Grad ca. 10 bis 15 Minuten backen.

Achtung: Da die Vanillecreme noch heiß auf die Blätterteig-Platten gestrichen werden soll, sollte die Creme erst **nach dem Backen** des Blätterteigs zubereitet werden.

Für die Vanillecreme 125 ml Milch mit dem Puddingpulver glatt rühren, Eigelb und Kristallzucker zugeben. Restliche Milch aufkochen und von der Herdplatte nehmen. Die Milch-Pudding-Mischung zugeben und auf der Herdplatte unter ständigem Rühren nochmals kurz aufkochen, wieder von der Kochstelle nehmen, immer wieder umrühren. Eiweiß zu steifem Schnee schlagen, die 2 EL Kristallzucker zugeben und fertig schlagen. Den Schnee noch unter die heiße Creme rühren.

Auf ein fertig gebackenes Teigblatt wird die Vanillecreme warm verteilt, das 2. gebackene Teigblatt umdrehen und mit heißer Ribiselmarmelade (Johannisbeerkonfitüre) bestreichen.

Für die Zuckerglasur Staubzucker (Puderzucker) mit Wasser dickflüssig anrühren, auf ca. 40 Grad erwärmen, mit einer Palette auf die mit Marmelade bestrichene Seite auftragen.

Das glasierte Teigblatt mit einem in heißes Wasser getauchten Messer in 8 x 4 cm große Stücke schneiden und die glasierten Teigstücke auf die Creme legen, Kuchenstücke nachschneiden.

Topfenkuchen

Sehr saftig!

Zutaten	
6	Eier
140 g	Butter
140 g	Rohrzucker
140 g	Topfen (Quark)
140 g	geriebene Mandeln

Backofen auf 180 Grad vorheizen.

Eier trennen, das Eiweiß zu Schnee schlagen. Eigelb, Butter, Zucker, Topfen (Quark) und Mandeln schaumig rühren, Schnee unterheben.

In einer befetteten Kuchenform im vorgeheizten Backofen bei 180 Grad ca. 50 Minuten backen.

Ölkuchen

Zutaten	
4	Eier
250 g	Rohrzucker
125 ml	Rapsöl
125 ml	Wasser
280 g	Dinkelmehl
1/2 Pkg.	Weinsteinbackpulver

Backofen auf 180 Grad vorheizen.

Eier trennen, Eiweiß zu Schnee schlagen. Eigelb und Zucker verrühren, Öl und Wasser langsam einschlagen, Schnee mit Mehl und Backpulver unterheben.

Die Masse in eine befettete Kastenform füllen und im vorgeheizten Backofen bei 180 Grad ca. 45 Minuten backen.

Grammelstrudel

Zutaten

200 g	Grammeln (Grieben)
400 g	Dinkelmehl
150 g	Rohrzucker
Etwas	Zimt
1 Pkg.	Weinsteinbackpulver
2–3 EL	Sauerrahm (saure Sahne) nach Bedarf
	Ribiselmarmelade (Johannisbeerkonfitüre) zum Füllen

Backofen auf 180 Grad vorheizen.

Grammeln (Grieben) faschieren und mit den restlichen Zutaten zu einem Teig verarbeiten, ausrollen.

Mit Ribiselmarmelade (Johannisbeerkonfitüre) bestreichen, einrollen und im vorgeheizten Backofen bei 180 Grad ca. 25 bis 30 Minuten backen.

Mohnkuchen

Sehr saftig!

Zutaten

50 g	Butter
150 g	Rohrzucker
1 Pkg.	Bourbon-Vanillezucker
1	Ei
500 ml	Milch
200 g	Dinkelmehl
1 Pkg.	Weinsteinbackpulver
200 g	Mohn

Backofen auf 180 Grad vorheizen.

Butter mit Zucker und Ei schaumig rühren, Milch, Mehl und Backpulver einrühren und zuletzt den Mohn untermengen.

Die Masse in eine befettete Kuchenform füllen und im vorgeheizten Backofen 30 bis 40 Minuten backen.

Kaffeekuchen

Zutaten

4	Eier
120 g	Butter
120 g	Rohrzucker
120 g	Dinkelmehl
2 EL	Instant-Kaffeepulver

Backofen auf 180 Grad vorheizen.

Variante 1:
Eier trennen, Schnee schlagen, Kaffeepulver und 30 g geriebene Mandeln unterheben. Die restlichen Zutaten 5 Minuten schaumig schlagen und die Schneemasse unterheben. Im vorgeheizten Backofen bei 180 Grad ca. 40 Minuten backen.

Variante 2:
Eier trennen. Butter, Eigelb und Zucker flaumig rühren, Mehl einrieseln lassen und in einer befetteten Tortenform im vorgeheizten Backofen ca. 40 Minuten backen. Das Eiweiß zu Schnee schlagen, Kaffeepulver zugeben, diese Masse über die fertige Torte streichen, mit 30 g grobem Zucker und 30 g geriebenen Mandeln bestreuen und im Rohr nochmals überbacken.

Torten

Topfentorte mit Beerenhaube

Zutaten

Tortenboden:

150 g	Dinkelmehl
100 g	Butter
35 g	Rohrzucker
	Salz
1	Ei

Belag:

500 g	Topfen (Quark), 20 %
500 g	Topfen (Quark), 10 %
5	Eier
200 g	Rohrzucker
	Salz
1 Pkg.	Vanillepuddingpulver

Tortenhaube:

600 g	gemischte Beeren (z. B. Brombeeren, Heidelbeeren, Johannisbeeren ...)
250 ml	Ribiselsaft (Johannisbeersaft)
1 Pkg.	rotes Tortengusspulver
2 EL	Staubzucker (Puderzucker)

Backofen auf 170 Grad vorheizen.

Für den Tortenboden Butter, Zucker, Ei, Salz und Mehl in der Küchenmaschine zu einem glatten Teig verarbeiten, kurz kalt stellen. Ausrollen und in eine mit Backpapier ausgelegte Springform (26 cm Durchmesser) geben, mit den Fingern fest andrücken.

Für den Belag Topfen (Quark) verrühren, Eier nacheinander einrühren, etwas salzen. Zucker und Puddingpulver einrieseln lassen. Die Creme auf den Teig in der Springform geben und im vorgeheizten Backofen bei 170 Grad ca. 45 bis 50 Minuten backen. Aus der Form lösen und abkühlen lassen.

Für die Tortenhaube 3 EL Ribiselsaft (Johannisbeersaft) mit dem roten Tortengusspulver vermengen. Den restlichen Saft mit dem Zucker aufkochen, den angerührten Tortenguss einrühren. 1 Minute kochen lassen, abkühlen. Die Beeren auf dem Kuchen verteilen und den Tortenguss darüberleeren. 60 Minuten kalt stellen.

Tipp:

Mit gehackten Pistazien bestreut servieren!

Torte ohne Fett gebacken

Backofen auf 190 Grad vorheizen.

Eier trennen, Eiweiß zu Schnee schlagen. Eigelb, Zucker und Milch schaumig rühren, Eischnee unterheben und zuletzt vorsichtig das Mehl einrieseln lassen.

Die Masse in eine befettete Tortenform füllen und im vorgeheizten Backofen bei 190 Grad ca. 60 Minuten backen.

Nach dem Erkalten die Torte durchschneiden und mit Marillenmarmelade (Aprikosenkonfitüre) füllen. Nach Belieben glasieren (Glasuren siehe Seite 115).

Zutaten

3	Eier
180 g	Rohrzucker
62 ml	Milch
180 g	Dinkelmehl
100 g	Marillenmarmelade (Aprikosenkonfitüre)

Maulwurfshügel

Zutaten

Teig:

3	Eier
200 g	Rohrzucker
1 TL	Bourbon-Vanillezucker
125 ml	Rapsöl
125 ml	Wasser
100 g	Dinkelmehl
100 g	geriebener Mohn
1/2 Pkg.	Weinsteinbackpulver

Fülle:

500 ml	Schlagobers (Schlagsahne)
2 EL	Staubzucker (Puderzucker)

Backofen auf 180 Grad vorheizen.

Für den Teig die Eier trennen, Eiweiß zu Schnee schlagen. Eigelb, Zucker, Rapsöl und Wasser 3 Minuten schlagen, Mehl, Mohn und Backpulver einrieseln lassen, zuletzt den Schnee unterheben.

In eine befettete Tortenform füllen und im vorgeheizten Backofen bei 180 Grad 40 bis 45 Minuten backen.

Für die Fülle das Schlagobers (Schlagsahne) mit dem Zucker steif schlagen.

Die Torte nach dem Erkalten von oben aushöhlen, wobei ein Rand von ca. 2 cm rundherum bleiben sollte. Torte mit dem geschlagenen Schlagobers (Schlagsahne) kuppelartig füllen und die Tortenbröseln fein krümelig daraufstreuen. Kalt stellen.

Kaffeetorte

Zutaten

Teig:

4	Eigelb
3	Eier
110 g	Rohrzucker
1 EL	Bourbon-Vanillezucker
90 g	Dinkelmehl
30 g	Stärkemehl oder glutenfreies Mehl
40 g	Rapsöl

Kaffee-Butter-Creme:

1 Pkg.	Vanillepuddingpulver
125 ml	Milch
125 ml	starker Kaffee
110 g	Staubzucker (Puderzucker)
400 g	Butter

Variante Mandel-Creme:

1 Pkg.	Vanillepuddingpulver
250 ml	Milch
200 g	Butter
120 g	Staubzucker (Puderzucker)
100 g	geriebene Mandeln

Backofen auf 180 Grad vorheizen.

Für die Torte Eier mit Zucker 5 Minuten schaumig rühren, restliche Zutaten langsam einrieseln und einrühren. In eine mit Rapsöl bepinselte Tortenform füllen und im vorgeheizten Backofen bei 180 Grad ca. 30 Minuten backen.

Für die Kaffee-Butter-Creme Milch mit Kaffee in ein Glas leeren, 4 EL davon abnehmen und das Puddingpulver damit glatt rühren. Restliche Kaffee-Milch aufkochen, vom Herd nehmen, Puddingpulver einrühren und unter ständigem Rühren nochmals aufkochen. Von der Herdplatte nehmen und unter Rühren erkalten lassen. (Am besten füllt man dafür die Masse in die Küchenmaschine und lässt sie auf kleiner Stufe rühren.)

Nach dem Erkalten werden die Butter und der Zucker portionsweise eingerührt.

Die Torte nach dem Auskühlen in der Mitte durchschneiden, den Boden mit etwas Kaffee tränken und mit der Hälfte der Creme bestreichen. Den oberen Tortenteil darauflegen und die Torte mit der restlichen Creme einstreichen.

Variante Mandel-Creme:

Von der Milch 4 EL nehmen und mit dem Puddingpulver glatt rühren. Restliche Milch zum Kochen bringen, von der Herdplatte nehmen und das Puddingpulver einrühren, einmal aufkochen und von der Herdplatte nehmen. Ständig weiterrühren, bis die Creme erkaltet ist. Dann die Butter, die Mandeln und den Zucker portionsweise einrühren.

Die Torte nach dem Auskühlen in der Mitte durchschneiden, mit der Hälfte der Creme bestreichen. Den oberen Tortenteil darauflegen und die Torte mit der restlichen Creme einstreichen.

Biskuittorte

Backofen auf 180 Grad vorheizen.

Für den Teig die Eier mit dem Zucker 5 Minuten in der Küchenmaschine mit dem Schneebesen schlagen, dann das Mehl vorsichtig unterheben. Eine Tortenform mit Rapsöl bepinseln, die Masse einfüllen und im vorgeheizten Backofen bei 180 Grad 25 bis 30 Minuten backen.

Die Torte auf einen mit Kuchenpapier belegten Teller legen, erkalten lassen, in der Mitte durchschneiden und mit einer beliebigen Fülle füllen.

Für die **Topfenfülle** alle Zutaten verrühren. Zum Verfeinern kann man nach Belieben auch frische Beeren nach Wahl zufügen.

Für die **Kaffeecreme** Gelatine in Wasser einweichen, ausdrücken. 3 EL Kaffee in einem Topf erwärmen, die Gelatine darin unter Rühren auflösen und diese Kaffee-Gelatine tröpfchenweise in das steif geschlagene Schlagobers (Schlagsahne) einrühren. Tröpfchenweise deshalb, damit das Schlagobers (Schlagsahne) nicht aufgrund der heißen Kaffee-Flüssigkeit gerinnt!

Tipp:

1 Ei wiegt ca. 60 g (ohne Schale). Um eine optimale Biskuittorte backen zu können, empfiehlt es sich, die 5 Eier aufzuschlagen und abzuwiegen. Dieses Gewicht durch 5 dividieren und mal 4 ergibt das Gewicht für den Zucker bzw. mal 3 ergibt die Mehlmenge.

Zutaten

Teig:

5	Eier
4 eischwer	Zucker
3 eischwer	Dinkelmehl

Füllungen für die Biskuittorte:

Topfenfülle:

500 g	Topfen (Quark)
250 ml	steif geschlagenes Schlagobers (Schlagsahne)
2 EL	Vanillezucker

Kaffeecreme:

500 ml	steif geschlagenes Schlagobers (Schlagsahne)
3 EL	starker Kaffee
3 Blatt	Gelatine

Himbeer-Pfirsich-Torte

Zutaten

Torte:	
3	Eier
100 g	Rohrzucker
3 EL	Wasser
1 Pkg.	Bourbon-Vanillezucker
100 g	Dinkelmehl
25 g	Speisestärke oder glutenfreies Mehl
1/2 Pkg.	Weinsteinbackpulver
50 g	gehackte Pistazien

Creme:	
200 g	Himbeeren
400 g	Pfirsiche
125 g	Staubzucker (Puderzucker)
1 Pkg.	Bourbon-Vanillezucker
12 Blatt	Gelatine
500 g	Vanillejoghurt
600 g	Schlagobers (Schlagsahne)

Backofen auf 180 Grad vorheizen.

Für die Tortenmasse Eier mit Wasser und Zucker 5 Minuten schaumig rühren, danach das Mehl, Backpulver und die Pistazien langsam einrühren. Die Masse in eine befettete Tortenform füllen und im vorgeheizten Backofen bei 180 Grad 25 Minuten backen.

Für die Creme die Himbeeren mit den geschälten, in Stücke geschnittenen Pfirsichen pürieren und mit 75 g Staubzucker (Puderzucker) mischen. Je 6 Blatt Gelatine einweichen. Joghurt, 50 g Zucker und Vanillezucker verrühren. Gelatine ausdrücken und 6 Blatt unter das Joghurt mischen, 6 Blatt unter das Himbeer-Pfirsich-Püree.

Beides kalt stellen.

400 g Schlagobers (Schlagsahne) steif schlagen. Sobald das Joghurt und das Obstpüree zu gelieren beginnen, jeweils 200 g Schlagobers (Schlagsahne) unterziehen.

Um den erkalteten Tortenboden einen Tortenring legen, mit Vanillejoghurtcreme bestreichen, 10 Minuten gefrieren, dann die Obstcreme daraufstreichen. Die Torte sollte vor dem Verzehr eine Nacht lang im Kühlschrank stehen.

Vor dem Servieren mit dem restlichen Schlagobers (Schlagsahne) den Rand bestreichen und Obers-Rosetten aufspritzen.

Tipp:

Falls Sie tiefgefrorene Himbeeren verwenden, lassen Sie diese vor dem Verarbeiten auftauen.

Wickeltorte

Backofen auf 180 Grad vorheizen.

Für den Mürbteig die Zutaten mit der Küchenmaschine zu einem glatten Teig verarbeiten, auf 26 cm Durchmesser ausrollen und auf einem mit Backpapier belegten Backblech im vorgeheizten Backofen bei 180 Grad 10 Minuten backen.

Für die Wickelmasse Eier mit Zucker 5 Minuten schaumig rühren und danach die restlichen Zutaten vorsichtig unterheben. Backblech mit Backpapier belegen, die Masse daraufstreichen. Im vorgeheizten Backofen ca. 10 Minuten backen. Sofort auf ein befeuchtetes Tuch stürzen und mit einem feuchten Tuch zudecken.

Für die Creme Gelatine einweichen, Schlagobers (Schlagsahne) steif schlagen, Zucker unterheben, Gelatine ausdrücken, auflösen, in das Schlagobers (Schlagsahne) rühren, Himbeeren unterheben. Die Creme auf das Biskuit streichen, in ca. 10 cm breite Streifen schneiden. Tortenboden mit Marmelade (Konfitüre) bestreichen.

Einen Biskuit-Streifen zusammenrollen und hochkant auf die Mitte des Tortenbodens setzen. Mit den restlichen Streifen ebenso verfahren, bis die Rolle den ganzen Tortenboden belegt. Ca. 2 Stunden kalt stellen.

Restliches Schlagobers (Schlagsahne) mit Vanillezucker und Sahnesteif steif schlagen und die Torte rundherum damit einstreichen.

Tipp:

Die Torte nach Belieben mit Himbeeren und Marzipan-Deko garnieren.

Zutaten

Mürbteig:

120 g	Butter
50 g	Rohrzucker
150 g	Dinkelmehl
	Himbeermarmelade zum Bestreichen der Mürbteig-Bodenplatte

Wickelmasse:

4	Eier
100 g	Rohrzucker
80 g	Dinkelmehl
20 g	Speisestärke oder glutenfreies Mehl
1/2 Pkg.	Weinsteinbackpulver

Creme:

800 g	Schlagobers (Schlagsahne)
100 g	Staubzucker (Puderzucker)
6 Blatt	Gelatine
300 g	Himbeeren
1 Pkg.	Bourbon-Vanillezucker
1 Pkg.	Sahnesteif

Struwwelpetertorte

Zutaten

Teig:

6	Eier
250 g	Rohrzucker
130 g	Dinkelmehl
140 g	geriebene Mandeln oder Haselnüsse
1/2 Pkg.	Weinsteinbackpulver
6 EL	Wasser

Fülle:

400 ml	Schlagobers (Schlagsahne)
2 EL	Staubzucker (Puderzucker)
2 EL	Instant-Kaffeepulver

Backofen auf 170 Grad vorheizen.

Für den Teig die Eier mit dem Zucker 5 Minuten schlagen. Mehl, Nüsse, Backpulver und Wasser zugeben und zu einer cremigen Masse rühren. Diese in eine befettete Tortenform füllen und im vorgeheizten Backofen bei 170 Grad 40 bis 45 Minuten backen.

Für die Fülle das Schlagobers (Schlagsahne) steif schlagen, Zucker und Kaffeepulver unterrühren.

Von der fertig gebackenen, erkalteten Torte ca. 1 cm von oben abschneiden und fein zerbröseln. Die Fülle auf die Torte auftragen und mit den Tortenbröseln bestreuen. Kalt stellen.

Joghurttorte

Zutaten

Tortenboden:

3	Eier
3 EL	kaltes Wasser
1 Pkg.	Bourbon-Vanillezucker
75 g	Rohrzucker
100 g	Dinkelmehl
25 g	Speisestärke oder glutenfreies Mehl
1/2 Pkg.	Weinsteinbackpulver

Joghurtcreme:

500 g	Joghurt
60 g	Staubzucker (Puderzucker)
1 Pkg.	Bourbon-Vanillezucker
600 g	Schlagobers (Schlagsahne)
350 g	Pfirsiche
9 Blatt	Gelatine

Backofen auf 180 Grad vorheizen.

Für den Tortenboden Eier mit Zucker und Wasser 5 Minuten schaumig rühren und danach das Mehl mit dem Backpulver löffelweise einrühren. Die Masse in eine befettete Tortenform füllen und im vorgeheizten Backofen bei 180 Grad ca. 25 Minuten backen.

Für die Creme Joghurt mit Zucker vermengen, Gelatine einweichen, ausdrücken und in die Joghurtcreme rühren. Kalt stellen. Schlagobers (Schlagsahne) steif schlagen, sobald die Creme geliert, in die Creme einrühren.

Den Tortenboden 2-mal waagrecht durchschneiden.

Um den Tortenboden einen Tortenring setzen, Pfirsiche aufsetzen, Creme verstreichen, Tortenboden darauflegen, weiter Creme aufstreichen, Tortenboden darauflegen und mit restlicher Creme die Torte bestreichen. Für ca. 2 bis 3 Stunden kalt stellen.

Tipp:

Mit Marzipan-Figuren oder Pistazien dekorieren.

Beeren-Tarte

Backofen auf 180 Grad vorheizen.

Für die Creme die Milch aufkochen, Mehl mit Zucker, Ei und Eigelb verrühren und die Milch unter Rühren dazugeben. Alles unter Rühren aufkochen lassen, abkühlen.

Den Blätterteig in eine befettete Tarte-Form legen, mit einer Gabel mehrmals einstechen und im vorgeheizten Backofen bei 180 Grad ca. 20 Minuten backen. Auskühlen lassen.

Die Creme aufschlagen und auf den Tarte-Boden streichen, Beeren auf der Creme verteilen. Alles fest werden lassen.

Tipp:

Nach Belieben kann die Tarte mit rotem Tortenguss überzogen werden.

Zutaten

Tarte-Boden:

250–300 g	Dinkelblätterteig

Creme:

500 ml	Milch
60 g	Dinkelmehl
75 g	Staubzucker (Puderzucker)
1	Ei
1	Eigelb
750 g	Beeren (Heidelbeeren, Brombeeren, ev. Himbeeren)

Mango-Topfen-Torte

Zutaten

Tortenboden:

100 g	Butter
50 g	Rohrzucker
150 g	Dinkelmehl
1	Eigelb

Topfenfülle:

2	Eier
70 g	Butter
70 g	Staubzucker (Puderzucker)
1 Pkg.	Bourbon-Vanillezucker
Prise	Salz
2 EL	Milch
4 EL	Dinkelgrieß
500 g	Topfen (Quark)
1 Pkg.	roter Tortenguss

Belag:

2	Mangos

Backofen auf 200 Grad vorheizen.

Für den Tortenboden Butter, Zucker, Eigelb und Mehl zu einem glatten Teig in der Küchenmaschine verarbeiten, etwas kalt stellen und danach auf einem Backpapier ausrollen. In eine befettete Tortenform legen, die Ränder hochziehen. Im vorgeheizten Backofen bei 200 Grad ca. 30 Minuten backen.

Für die Topfenfülle Eier trennen, Eischnee schlagen. Eigelb, Butter und Zucker cremig rühren, salzen. Milch, Grieß und Topfen (Quark) einrühren und zuletzt den Eischnee vorsichtig unterheben.

Den Tortenboden mit der Creme bestreichen und ca. 40 Minuten backen. Aus dem Ofen nehmen, erkalten lassen, mit in Stücke geschnittenen Mangos belegen und mit dem roten Tortenguss überziehen. 30 Minuten kalt stellen.

Tipp:

Die Torte kann auch mit Beeren, wie Brombeeren, Stachelbeeren, Heidelbeeren (Blaubeeren) belegt werden.

Kirschtorte

Ganz ohne Backen!

Für den Tortenboden Butter im Topf zerlassen und die zerbröselten Kekse mit der Butter und dem Kaffeepulver gut mischen. Eine Tortenform befetten und diese Masse als glatten Boden fest drücken, ca. 30 Minuten kalt stellen.

Für die Creme Gelatine einweichen. Kirschen waschen und entsteinen. Gelatine ausdrücken und auflösen. Kefir mit Zucker verrühren. Schlagobers (Schlagsahne) steif schlagen und die Gelatine unter die Masse rühren.

Kirschen auf den Boden setzen und die Creme auftragen, im Kühlschrank ca. 2 Stunden kalt stellen, mit einigen Kirschen garnieren.

Tipp:

Probieren Sie die Torte auch einmal mit Pfirsichen, Heidelbeeren (Blaubeeren) oder Brombeeren.

Zutaten

Tortenboden:

100 g	Butter
150 g	Dinkelkekse
1 TL	Instant-Kaffeepulver

Creme:

6 Blatt	Gelatine
750 g	Kirschen
500 g	Kefir
75 g	Staubzucker (Puderzucker)
1 Pkg.	Bourbon-Vanillezucker
200 g	Schlagobers (Schlagsahne)

Feines Gebäck

Mandelkipferln

Zutaten

Teig:

3	Eigelb
400 g	Dinkelmehl
250 g	Butter
1 Pkg.	Weinsteinbackpulver
60 ml	Milch

Fülle:

3	Eiweiß
150 g	geriebene Mandeln oder Haselnüsse
250 g	Staubzucker (Puderzucker)

Außerdem:

Zucker zum Bestreuen der fertig gebackenen Kipferln

Backofen auf 180 Grad vorheizen.

Für den Teig alle Zutaten verrühren, den Teig in 4 Teile teilen und jeden Teil auf einer Unterlage mit dem Nudelholz ausrollen.

Für die Fülle Eiweiß zu einem festen Schnee schlagen, Zucker und Nüsse unterheben. Diese Fülle auf die ausgerollten Teigstücke auftragen, jeden Teil einrollen.

Mit einem Trinkglas oder mit einem passenden Keksausstecher von der Rolle Halbmonde abstechen, auf ein mit Backpapier belegtes Backblech setzen und im vorgeheizten Backofen bei 180 Grad 10 bis 15 Minuten backen.

Amarettini

Ca. 100 Stück

Backofen auf 150 Grad vorheizen.

Eiweiß steif schlagen, Zucker und Amaretto unterrühren und zuletzt vorsichtig die Mandeln unterheben.

Die Masse in einen Spritzbeutel füllen und Tupfen auf ein mit Backpapier belegtes Backblech spritzen. Ca. 30 Minuten im vorgeheizten Backofen bei 150 Grad backen.

Zutaten	
1	Eiweiß
100 g	Staubzucker (Puderzucker)
4 Pkg.	Bourbon-Vanillezucker
1 EL	Amaretto
100 g	gemahlene Mandeln

Kokosmakronen

Zutaten

4	Eiweiß
120 g	Rohrzucker
200 g	Kokosette

Den Backofen auf 180 Grad vorheizen.

Eiweiß zu steifem Schnee schlagen, den Zucker und die Kokosette unterheben und mit einem Kaffeelöffel kleine Häufchen auf ein mit Backpapier ausgelegtes Backblech setzen. Die Makronen bei 180 Grad ca. 10 Minuten backen.

Tipp:

Die übrig gebliebenen 4 Dotter können z. B. für einen Mürbteig oder für Spritzgebäck verwendet werden.

Marillen-Mohn-Kekse

Zutaten

Teig:

300 g	Dinkelmehl
100 g	Rohrzucker
100 g	Butter
Prise	Salz
1	Ei
40 g	geriebener Mohn
40 ml	Milch

Außerdem:

	Marillenmarmelade (Aprikosenkonfitüre) zum Füllen
	Staubzucker (Puderzucker) zum Bestreuen

Backofen auf 180 Grad vorheizen.

Mohn mit Milch aufkochen, von der heißen Herdplatte wegstellen und 10 Minuten stehen lassen.

Mehl, Zucker, Butter, Salz, Ei und Mohnmasse in einer Schüssel zu einem glatten Teig verarbeiten. Den Teig 2 bis 3 mm dünn ausrollen und Kekse ausstechen. Aus der Hälfte der Kekse jeweils ein Loch in der Mitte ausstechen.

Die Kekse auf ein mit Backpapier belegtes Blech legen und im vorgeheizten Backofen bei 180 Grad 10 Minuten backen.

Die erkalteten Scheiben ohne Loch mit Marillenmarmelade (Aprikosenkonfitüre) bestreichen und mit jeweils einer Scheibe mit Loch zusammensetzen. Zuletzt können die Kekse noch mit Staubzucker (Puderzucker) leicht bestreut werden.

Butterbrote

Backofen auf 170 Grad vorheizen.

Butter, Mehl, Zucker, Mandeln und Ei in der Küchenmaschine zu einem glatten Teig verarbeiten, zu einer Rolle formen und 30 Minuten kalt stellen.

Dann von der Rolle 1/2 cm dicke Scheiben abschneiden und auf ein mit Backpapier belegtes Backblech legen. Im vorgeheizten Backofen bei 170 Grad 5 bis 7 Minuten backen.

Nach dem Erkalten werden die Kekse mit dem Abtrieb von Eigelb und Zucker bestrichen und im lauwarmen Backofen übertrocknet.

Zutaten

Teig:

200 g	Dinkelmehl
120 g	Butter
120 g	Rohrzucker
50 g	geriebene Mandeln
1	Ei

Zum Bestreichen:

2	Eigelb
100 g	Staubzucker (Puderzucker)
1/2 Pkg.	Vanillezucker

Ischler Törtchen

Zutaten

Teig:

400 g	Dinkelmehl
1 TL	Weinsteinbackpulver
150 g	Rohrzucker
200 g	Butter
80 g	geriebene Mandeln
2	Eigelb
2 EL	Milch
1/2 Pkg.	Bourbon-Vanillezucker

Außerdem:

	Marillenmarmelade (Aprikosenkonfitüre) zum Füllen
	Staubzucker (Puderzucker) zum Bestreuen

Backofen auf 180 Grad vorheizen.

Die Zutaten zu einem geschmeidigen Teig verkneten und 30 Minuten kalt stellen.

Danach den Teig ausrollen, mit größeren Ausstechern Kekse ausstechen, wobei jedes 2. Keks 3 Löcher haben sollte.

Im vorgeheizten Backofen ca. 5 Minuten bei 180 Grad backen.

Nach dem Erkalten mit Marillenmarmelade zusammensetzen und mit Staubzucker (Puderzucker) bestreuen.

Kokosstangerln

Zutaten

Stangerln:

3	Eiweiß
1/2 Pkg.	Vanillezucker
120 g	Rohrzucker
80 g	Kokosette
30 g	Dinkelmehl

Außerdem:

Marillenmarmelade (Aprikosenkonfitüre) zum Füllen

Backofen auf 180 Grad vorheizen.

Eiweiß zu steifem Schnee schlagen, Zucker einrühren, Mehl und Kokosette unterheben.

Die Masse in einen Dressiersack füllen und auf ein mit Backpapier belegtes Backblech kleine Stangerln aufspritzen.

Im vorgeheizten Backofen ca. 5 Minuten bei 180 Grad backen.

Nach dem Erkalten je 2 Stangerln mit Marillenmarmelade (Aprikosenkonfitüre) zusammensetzen.

Tipp:

Färben Sie Teile der Masse mit Lebensmittelfarbe, z. B. rosa, rot, gelb, blau, braun.

Spekulatius

Benötigt eine längere Vorbereitungszeit!

Alle Zutaten in der Küchenmaschine zu einem geschmeidigen Teig verarbeiten. Über Nacht kalt stellen.

Den Teig messerrückendick ausrollen und unterschiedliche Kekse ausstechen. Die ausgestochenen Formen im vorgeheizten Backofen bei 170 Grad ca. 5 Minuten backen.

Zutaten	
200 g	Dinkelmehl
100 g	weiche Butter
100 g	Rohrzucker
50 g	geriebene Mandeln
	Zimt, Nelken, Kardamon
1 TL	Weinsteinbackpulver
1	Ei

Haferflockenkipferln

Zutaten

Teig:

100 g	Haferflocken (noch besser, weil feiner: Hafermark)
100 g	Butter
100 g	Rohrzucker
100 g	Dinkelmehl
1/2 Pkg.	Weinsteinbackpulver
1 Pkg.	Bourbon-Vanillezucker
1	Ei

Außerdem:

Zuckerstreusel, Hagelzucker oder feiner Zucker zum Wälzen bzw. Bestreuen

Backofen auf 190 Grad vorheizen.

Butter schaumig rühren, die restlichen Zutaten einrühren. Aus dem Teig Kipferln formen und auf ein mit Backpapier belegtes Backblech setzen.

Im vorgeheizten Backofen bei 190 Grad ca. 10 Minuten backen und noch warm im Zucker vorsichtig wälzen.

Tipp:

Wenn Sie wenig Zeit haben, können Sie statt der Kipferln auch Makronen backen. Dazu aus 150 g Haferflocken (Hafermark), 50 g Butter, 90 g Rohrzucker, Pkg. Bourbon-Vanillezucker, 30 g Dinkelmehl, 1/2 Pkg. Weinsteinbackpulver und 1 Ei mit einem Löffel kleine Häufchen aufs Backblech setzen. 10 Minuten im vorgeheizten Backofen backen.

Kipferln mit Hagelzucker

Backofen auf 170 Grad vorheizen.

Alle Zutaten zu einem Teig verkneten und mit befeuchteten Händen Kipferln formen.

Vor dem Backen die Kipferln mit einem Pinsel mit Wasser bestreichen und mit Hagelzucker bestreuen.

Im vorgeheizten Backofen bei 170 Grad ca. 25 Minuten backen.

Zutaten

500 g	Dinkelmehl
1 Pkg.	Weinsteinbackpulver
500 g	Topfen (Quark)
125 ml	Milch
1 EL	Rapsöl
	Hagelzucker zum Bestreuen

Kleine Krapfen

Zutaten

Krapfenteig:

500 g	Dinkelmehl
4	Eigelb
60 g	Rohrzucker
60 g	warme Butter
250 ml	Milch
1 Pkg.	Weinsteinbackpulver

Außerdem:

Rapsöl zum Ausbacken
Marillenmarmelade (Aprikosenkonfitüre) zum Füllen

Die Zutaten mit einem Mixgerät zu einem Teig verarbeiten und mit befeuchteten Händen kleine Krapfen formen.

In einer Pfanne so viel Rapsöl erhitzen, dass die Krapfen bis zur Hälfte im Fett schwimmen (sonst werden sie nicht durchgebacken). Bei mittlerer Hitze die Krapfen beidseitig goldgelb backen.

Auf einem Teller mit Küchenkrepp abtropfen lassen.

Die Krapfen von der Unterseite mit Marillenmarmelade (Aprikosenkonfitüre) füllen oder die Marmelade als Zugabe servieren.

Gefüllte Topfentaschen

Backofen auf 150 Grad vorheizen.

Topfen (Quark), Butter, Mehl und Salz rasch zu einem glatten Teig verarbeiten, 1 Stunde kühl rasten lassen.

Dann den Teig ausrollen, Vierecke ausschneiden, in die Mitte 1/2 TL Marillenmarmelade (Aprikosenkonfitüre) setzen und zusammenschlagen. Mit verquirltem Ei bepinseln und im vorgeheizten Backofen bei 150 Grad ca. 10 Minuten backen.

Tipp:

Statt mit Marmelade können diese Taschen auch mit Vanillecreme (Vanillejoghurt mit Topfen (Quark) glatt rühren) oder mit frischem Obst (Apfelspalten, Beeren etc.) gefüllt werden.

Zutaten

Topfenteig:

200 g	Topfen (Quark)
200 g	Butter
200 g	Dinkelmehl
Prise	Salz

Außerdem:

	Marillenmarmelade (Aprikosenkonfitüre) zum Füllen
	Ei zum Bestreichen

Allerlei aus Topfenbutterteig

Dekorative Hörnchen, Stangen und Striezel

Zutaten

125 g	Dinkelmehl
125 g	Butter
125 g	Topfen (Quark)
	Zucker (z. B. Hagelzucker) zum Bestreuen

Backofen auf 180 Grad vorheizen.

Topfen (Quark), Butter, Mehl rasch zu einem glatten Teig verarbeiten und Hörnchen, Stangen oder kleine Striezel formen.

Im vorgeheizten Backofen bei 180 Grad 10 Minuten backen und noch warm in Zucker (Hagelzucker) wälzen.

Brandteiggebäck

Zum Backen im Backofen

Backofen auf 170 Grad vorheizen.

Für das Brandteig-Grundrezept Wasser mit Butter und Salz in einem Topf aufkochen, Mehl auf einmal zugeben und so lange rühren, bis sich der Teig vom Topfrand löst. Teig in eine Rührschüssel geben und auf ca. 40 Grad abkühlen lassen. Eier nach und nach unterrühren, bis der Teig bindet und glänzt.

Eclairs:
Brandteig in einen Dressiersack füllen auf ein mit Backpapier belegtes Backblech ca. 8 cm lange Stangen aufspritzen. Im vorgeheizten Backofen bei 170 Grad 10 bis 15 Minuten backen.

Nach dem Erkalten die Eclairs horizontal aufschneiden und mit Vanillecreme füllen. Angezuckert servieren.

Profiteroles:
Brandteig in einen Dressiersack füllen und auf ein mit Backpapier belegtes Backblech kleine Tupfen in Walnussgröße aufspritzen. Im vorgeheizten Backofen bei 170 Grad ca. 15 Minuten backen.

Mit einer kleinen Spritztülle in die Unterseite ein Loch stechen und nach dem Abkühlen mit einem Dressiersack eine Creme nach Wahl (Vanillecreme, Vanilleeis oder eine pikante Creme, siehe Seiten 113 und 114) in den Hohlraum spritzen, kalt stellen.

Für die Vanillecreme ca. 200 ml Milch mit Puddingpulver glatt rühren, Eigelb unterrühren. Ca. 300 ml Milch mit Zucker unter Rühren aufkochen und die Puddingpulvermischung zügig in die kochende Milch unter ständigem Rühren einfließen lassen.

Zutaten

Grundrezept:

200 ml	Wasser
70 g	Butter
5 g	Salz
140 g	Dinkelmehl
3	Eier

Vanillecreme:

500 ml	Milch
50 g	Vanillepuddingpulver
100 g	Kristallzucker
2	Eigelb

Tipp:

Ungefüllt eignen sich Profiteroles auch als Suppeneinlage.

Pikantes Gebäck

Roggenbrot

Zutaten

Brotteig:

500 g	Roggenmehl
250 ml	Buttermilch
1 TL	Salz
1 Pkg.	Weinsteinbackpulver
	Brotgewürz (z. B. gemahlener Kümmel) nach Belieben

Außerdem:

	Körner (Sonnenblumen, Kürbiskerne, Sesam) nach Belieben
	Rapsöl zum Auspinseln der Backform

Backofen auf 180 Grad vorheizen.

Aus den Zutaten einen Brotteig bereiten. In eine mit Rapsöl bepinselte rechteckige Form (oder 2 kleine Formen) Körner nach Belieben geben und darauf den Brotteig setzen.

Im vorgeheizten Backofen bei 180 Grad 40 bis 45 Minuten backen.

Tipp:

Probieren Sie dieses Brot auch mit Dinkelvollkornmehl oder mit glutenfreiem Mehl. Die restlichen Zutaten bleiben gleich. Bei der Verwendung von Dinkelvollkornmehl wird etwas mehr Flüssigkeit benötigt – einige Löffel Wasser oder Buttermilch zugeben, bis der Teig geschmeidig ist. Bei der Verwendung von glutenfreiem Mehl wird ca. 500 ml Buttermilch benötigt.

Pikante Kaiserbrötchen

Backofen auf 180 Grad vorheizen.

Die Zutaten in einer Küchenmaschine zu einer Masse verarbeiten. Die Masse entweder in kleine mit Rapsöl bepinselte Förmchen (z. B. für Muffins) im vorgeheizten Backofen ca. 20 Minuten backen. Oder die Masse in eine große Kastenform füllen und bei 180 Grad ca. 45 Minuten backen.

Zutaten	
4	Eier
250 g	Sauerrahm (saure Sahne)
1/2 Becher	Rapsöl
1 1/2 Becher	Dinkelmehl
1 Pkg.	Weinsteinbackpulver
1/2 Becher	feingeschnittene würzige Wurst oder Schinken
1 Becher	geriebener Käse
1/2 Becher	gehackte Essiggurkerln (in Weingeistessig eingelegt) oder gemischte Kräuter

Pikante Biskuitroulade

Zutaten

Biskuitroulade:

2	Eier
1 TL	Rapsöl
Prise	Salz
25 g	Stärkemehl
25 g	Dinkelmehl

Füllvariationen:

Frischkäse mit Räucherlachs, Krenaufstrich mit Schinkenstreifen, Kräuteraufstrich mit oder ohne Ei etc.

Backofen auf 180 Grad vorheizen.

Eier trennen, Eiweiß zu festem Schnee schlagen. Eigelb mit Öl verrühren und langsam in den Schnee einrühren. Zuletzt das Mehl einrieseln lassen und unterheben.

Die Masse auf ein mit Backpapier belegtes Backblech ca. 6 mm hoch aufstreichen und im vorgeheizten Backofen bei 180 Grad 6 bis 8 Minuten backen. Auf ein Backpapier stürzen und das Trennpapier sofort (ev. mithilfe eines feuchten Schwamms) abziehen.

Das Biskuit locker zu einer Roulade rollen, nach einer halben Minute wieder ausrollen. Creme nach Wahl (pikante Füllcremen siehe Seiten 113 und 114) auf die Innenseite des Biskuits streichen, einrollen, straff in Alufolie wickeln und mehrere Stunden kühlen. Dünn aufgeschnitten servieren.

Buttermilchbrot

Zutaten

Brotteig:

500 g	Roggenmehl
250 ml	Buttermilch
60 g	Haferflocken
1 TL	Salz
1 Pkg.	Weinsteinbackpulver

Außerdem:

	Rapsöl zum Auspinseln der Backform
	Körner (Sonnenblumenkerne, Kürbiskerne, Sesam, Mohn ...) nach Belieben

Den Backofen auf 200 Grad vorheizen.

Die Zutaten für das Brot mit dem Knethaken in der Küchenmaschine gut verrühren. Eine rechteckige Form mit Rapsöl bepinseln und nach Belieben mit Körnern bestreuen. Den Teig in die Form setzen und im vorgeheizten Backofen bei 200 Grad ca. 45 Min. backen.

Tipp:

Dieses Rezept gelingt auch mit Dinkelmehl oder Dinkelvollkornmehl. Sie können auch Roggen- und Dinkelmehl mischen, z. B. im Verhältnis halb:halb.

Frische Dinkelbrötchen

Backofen auf 190 Grad vorheizen.

Alle Zutaten in der Küchenmaschine zu einem geschmeidigen Teig verarbeiten, mit nassen Händen kleine Brötchen formen und auf ein mit Backpapier belegtes Backblech setzen.

Mit Körnern nach Belieben bestreuen und im vorgeheizten Backofen bei 190 Grad 25 Minuten backen.

Zutaten

500 g	Topfen (Quark)
2	Eier
400 g	Dinkelvollkornmehl
1 Pkg.	Weinsteinbackpulver
1 gestr.	TL Salz
	Brotgewürz nach Belieben
	Mineralwasser
	Körner (z. B. Sesam, Leinsamen, Mohn, Sonnenblumenkerne ...)

Füllcremen und Glasuren

Füllcremen

Viele Torten und Kuchen können Sie mit unterschiedlichen Füllungen immer wieder neu kreieren. Z. B. eine Biskuittorte mit verschiedenen Füllungen, aber auch eine Kaffeetorte schmeckt zur Abwechslung mal mit einer Beeren-Buttermilch-Füllung sehr erfrischend. Besonders im Sommer werden häufiger leichte Füllungen verwendet, im Herbst und Winter wird wieder mehr auf die Buttercremen zurückgegriffen.

Buttermilch-Füllung

Zutaten	
600 ml	Buttermilch
12 Blatt	Gelatine
125 g	Staubzucker (Puderzucker)
3 Pkg.	Vanillezucker
2 EL	Wasser
400 g	Schlagobers (Schlagsahne)
	Früchte nach Belieben

2 bis 3 EL Wasser erwärmen und unter Rühren die Gelatineblätter auflösen. Von der Herdplatte nehmen, immer wieder umrühren und unter das steif geschlagene Schlagobers (Schlagsahne) heben. Buttermilch und Zucker verrühren, gemeinsam mit den Früchten (Beeren, Nektarinen, Mangos, Kirschen ...) unter das Obers mischen.

Joghurtmousse

Joghurt mit Zucker verrühren, aufgelöste Gelatine einrühren und Schlagobers (Schlagsahne) unterheben. Auf den Tortenboden/Kuchenboden streichen und einige Stunden kühlen.

Zutaten	
500 g	Naturjoghurt
50 g	Staubzucker (Puderzucker)
6 Blatt	Gelatine
250 ml	Schlagobers (Schlagsahne)

Fruchtcreme

Frischkäse mit Vanillejoghurt verrühren, Tortenguss aufkochen, 75 g Staubzucker (Puderzucker) zugeben, etwas abkühlen lassen und mit dem Obst (klein geschnitten oder püriert) unter die Creme rühren.

Zutaten	
600 g	Frischkäse
300 g	Vanillejoghurt
75 g	Staubzucker (Puderzucker)
250 g	Obst (Beeren, Kirschen)
1 Pkg.	klarer Tortenguss

Beerenoberscreme

Zutaten

4 Blatt	Gelatine
250 g	Schlagobers (Schlagsahne)
80 g	Staubzucker (Puderzucker)
120 g	Beerenmark (pürierte Beeren)

Gelatine in kaltem Wasser einweichen. (Hinweis: Wenn Sie warmes Wasser verwenden, beginnt sich die Gelatine bereits aufzulösen.) Schlagobers cremig-steif schlagen, kalt stellen.

Staubzucker (Puderzucker) in das Beerenmark einrühren, ev. 1 bis 2 EL Wasser zugeben, zu sämiger Konsistenz rühren.

Gelatine ausdrücken und mit wenig Wasser lauwarm schmelzen, zügig in das Beerenmark einrühren. Die erste Hälfte des Schlagobers (Schlagsahne) rasch einrühren, die zweite Hälfte vorsichtig. Danach das Gebäck/die Torte/den Kuchen sofort füllen und kalt stellen.

Topfenfülle

Zutaten

250 g	Topfen (Quark)
180 g	Vanillejoghurt
10–20 g	Staubzucker (Puderzucker)
250 g	Schlagobers (Schlagsahne)

Topfen (Quark) mit Joghurt glatt rühren. Mit 250 g steif geschlagenem Schlagobers (Schlagsahne) verfeinern, nach Belieben 10 bis 20 g Zucker hinzufügen.

Falls Sie eine sehr feste Creme mögen, weichen Sie noch 4 Blatt Gelatine in kaltem Wasser ein, fest ausdrücken und in 3 EL Wasser unter ständigem Rühren auflösen und tröpfchenweise unter die Topfen-Joghurt-Schlagobers-Creme rühren.

Gebäck/Kuchen/Torte füllen und kalt stellen.

Mandelfülle/Haselnussfülle

Zutaten

125 ml	Milch
80 g	Staubzucker (Puderzucker)
160 g	geriebene Mandeln/ Haselnüsse
60 g	Biskuitbrösel (getrocknete, geriebene Biskuitreste oder geriebene Biskotten/ Löffelbiskuit)
1 EL	Wasser
1/2 TL	Zimt

Milch mit Zucker aufkochen, Mandeln/Haselnüsse beigeben und alles unter Rühren erhitzen. Den Topf vom Herd nehmen und die süßen Brösel untermengen, überkühlen lassen, Wasser und Zimt unterrühren.

Die Fülle kann für Kuchen/Torten und Strudel oder Teegebäck verwendet werden.

Mohnfülle

Zutaten

125 ml	Milch
100 g	Staubzucker (Puderzucker)
30 g	Dinkelgrieß
150 g	gemahlener Mohn
1 EL	Wasser
1 TL	Bourbon-Vanillezucker
1/2 TL	Zimt

Milch mit Zucker aufkochen, Grieß einrieseln und unter Rühren ca. 3 Minuten kochen lassen. Den Topf vom Herd nehmen und den Mohn , Wasser, Vanillezucker und Zimt nach Geschmack einrühren.

Die überkühlte Masse kann zum Füllen von Torten, Kuchen, Keksen oder Strudel verwendet werden.

Pikante Füllungen

Frischkäse-Paprika-Füllung

Alle Zutaten zu einer geschmeidigen Creme verrühren.

Zutaten	
250 g	Frischkäse
2 EL	Sauerrahm (saure Sahne)
1 KL	edelsüßes Paprikapulver
1 Msp.	gemahlener Kümmel
1 Msp.	Estragonsenf
	Salz
	Pfeffer

Kräuter-Ricotta-Fülle

Zutaten	
100 g	Ricotta
20 g	Frischkäse
25 g	Kräuter (Petersilie, Kresse, Kerbel etc.)

Ricotta, Frischkäse und die Kräuter mit Senf, Salz und Pfeffer abschmecken. Statt Ricotta kann auch 120 g Frischkäse verwendet werden.

Oberskrenfülle

Zutaten	
200 ml	Schlagobers (Schlagsahne)
1 EL	gerissener Kren (Meerrettich)
	Salz

Schlagobers (Schlagsahne) steif schlagen, Kren (Meerrettich) einrühren. Es können in diese Creme auch Schinkenstreifen, Räucherlachswürfel oder Rohkostgemüse hinzugefügt werden.

Glasuren

Wasserglasur

Zucker mit kochendem Wasser abrühren, ev. mit Rum verbessern. Weiterrühren, bis die Glasur glänzt.

Zutaten	
200 g	Staubzucker (Puderzucker)
1 EL	kochendes Wasser
Ev.	Rum

Fondantglasur

Zucker und Wasser unter Rühren zum Kochen bringen. Während des Kochens sollen die Zuckerkristalle am Geschirrrand entfernt werden. Bis zum „Kleinen Flug" kochen, das bedeutet: Eine Drahtschlinge wird in die Zuckerlösung getaucht, dann darauf geblasen und der daranhaftende Zucker fliegt in Form einer Blase weg.

Ergibt eine Glasurmenge für 2 bis 3 Torten, die Masse kann in einem geschlossenen Glas vorrätig gehalten werden.

Zutaten	
1000 g	Würfelzucker
330 ml	Wasser

Karamellglasur

Zutaten	
250 g	Würfelzucker
Etwas	Butter

Würfelzucker und Butter in einer Pfanne zergehen lassen, ständig rühren, bis die Masse gelb ist, leicht abkühlen lassen und sofort verwenden.

Eiweißglasur

Zutaten	
1	Eiweiß
150 g	Staubzucker (Puderzucker)
Etwas	Wasser

Eiweiß und fein gesiebten Staubzucker (Puderzucker) schaumig rühren, etwas Wasser zugeben, bis eine spritzfähige Masse entsteht.

Eigelbglasur

Zutaten	
1	Eigelb
150 g	gesiebter Staubzucker (Puderzucker)
Etwas	Wasser

Eigelb und Zucker schaumig rühren, mit Wasser zur Glasur rühren.

Zuckerglasur

Würfelzucker und Wasser kochen und in den fein gesiebten Staubzucker (Puderzucker) einrühren, bis die Glasur dickflüssig und glatt ist.

Zutaten	
200 g	Würfelzucker
125 ml	Wasser
200 g	gesiebter Staubzucker (Puderzucker)

Kaffeeglasur 1

Zuckerglasur bereiten und 3 EL Kaffee unterrühren.

Zutaten	
200 g	Würfelzucker
125 ml	Wasser
200 g	gesiebter Staubzucker (Puderzucker)
3 EL	Kaffee

Kaffeeglasur 2

Kaffee mit Würfelzucker aufkochen und mit dem Staubzucker (Puderzucker) verrühren.

Zutaten	
200 g	Würfelzucker
125 ml	Kaffee
200 g	Staubzucker (Puderzucker)

Heide Steigenberger
Die 1-Euro-Küche für Genießer
Frisch gekocht muss nicht teuer sein

120 Seiten, farbig, Hardcover
ISBN 978-3-7088-0539-9
EUR 14,99

Das Motto dieses Kochbuchs lautet: Frisch und gesund muss nicht teuer sein. Mit einem Euro pro Person lassen sich viele tolle Rezepte zaubern. Vor allem die Berücksichtigung von saisonalem Gemüse hält die Kosten niedrig. Kombiniert mit Reis, Nudeln, Fleisch oder Fisch entstehen daraus köstliche Kreationen voller Vitalität, die trotzdem satt machen. Mehr als 100 schnelle und preiswerte Familienrezepte machen dieses Buch zu einem unverzichtbaren Standardwerk. Zusätzlich gibt es viele nützliche Tipps zum Sammeln, Pflücken, Resteverwerten, Einkochen und Einfrieren.

Heide Steigenberger
Reizmagen
Richtiger Umgang mit Gastritis, Sodbrennen, Magendrücken und Verdauungsstörungen

128 Seiten, farbig, Softcover mit Klappen
ISBN 978-3-7088-0570-2
EUR 17,99

Immer mehr Menschen leiden an Magen-Darm-Beschwerden wie Magendrücken, Völlegefühl, Sodbrennen, Aufstoßen etc. Meist sind die Ursachen falsche Essgewohnheiten, Bewegungsmangel und zunehmender Stress. Dieses Ratgeber-Kochbuch richtet sich an all jene Personen, die unter stressbedingten Magenbeschwerden leiden, die ihre Gastritis ausheilen möchten und die magenfreundliche Kost benötigen. Mit Sofortmaßnahmen bei akuten Beschwerden, Magenkuren, homöopathischer Hilfe, konkreten Essvorschlägen und mehr als 60 Rezepten.

www.kneippverlag.com

Nicole Kolisch
Glutenfrei
Genießen trotz Unverträglichkeiten

128 Seiten, farbig, Softcover mit Klappen
ISBN 978-3-7088-0455-2
EUR 17,90

Diagnose: Zöliakie. Das kann man gerade in den letzten Jahren immer öfter lesen. Doch nur einer von zehn Zöliakie-Betroffenen weiß von seiner Erkrankung. Diagnose Zöliakie bedeutet zunächst einmal Erleichterung und Durchatmen, wenn all die bisher unerklärten Symptome endlich einen Namen und eine handfeste Begründung haben. Gleichzeitig tauchen jedoch Unsicherheiten und Fragen auf: Was darf ich noch essen? Kann ich bedenkenlos auf Urlaub fahren? Können meine Kinder die Krankheit erben? Auf diese Fragen gibt dieses Ratgeber- und Rezept-Buch Antworten und liefert mehr als 60 Rezepte.

Herta Kramer-Priesch, Ingrid Kiefer
Laktose Fruktose
Gesund genießen trotz Unverträglichkeiten

128 Seiten, farbig, Softcover mit Klappen
ISBN 978-3-7088-0566-5
EUR 17,99

Immer mehr Menschen leiden unter Nahrungsmittelunverträglichkeiten, viele davon unter einer Laktose- und Fruktoseintoleranz. In den letzten Jahren wurden viele laktose- und fruktosefreie Produkte auf den Markt gebracht, trotzdem müssen Betroffene auf spezielle Lebensmittel verzichten. Die erfahrene Ernährungswissenschafterin Ingrid Kiefer hat die neuesten Erkenntnisse zusammengetragen und das Ratgeber-Kochbuch mit den bewährten Rezepten von Herta Kramer-Priesch aktualisiert. Mehr als 100 Rezepte mit ausgewiesenem Laktose- und Fruktosegehalt.

www.kneippverlag.com